# 鄧小平

エズラ・F・ヴォーゲル
聞き手＝橋爪大三郎



講談社現代新書
2345

Deng Xiaoping
by
Ezra F. Vogel
(Interviewed by Daisaburo Hashizume)
Kodansha Ltd., Tokyo 2015.11

# まえがき

エズラ・F・ヴォーゲル

二〇世紀の後半、中国は、新中国としてみごとに復活を果たした。その復活の道筋をつけた指導者は誰かと、後世の歴史家がふり返るとすれば、その立役者こそ、毛沢東ではなくて、鄧小平にほかならない。

私は半世紀あまりにわたって、日本と中国の研究に従事してきた。二〇〇〇年にハーバード大学を退職することになって、中国のこの変化を西側世界の人びとに、どうやって理解してもらうのがよいかと考えた。そして、鄧小平の研究に全力を注ぐことに決めた。以来、中国語の文献資料を読んだり、彼をよく知る中国の指導者たちに中国語でインタヴューしたり、彼とつながりのある西側の人びとの記録を当たったりしているうちに、一〇年もの歳月が経過したが、とうとう鄧小平の本（英語版）を出版することができた。

この本を私は、西側世界の人びとに読んでもらうつもりだった。この本の中国語版が、中国でベストセラーになろうとは、よもや思わなかった。中国語版が出版されてから二年間、中国の人びとは、中国人の書いたものよりも、ほかのどんな国の著者が書いたものよりも、私の書いた鄧小平の本を読んでくれている。中国本土、香港、台湾で発行されたいろいろな版を合わせると、現在までに、一〇〇万冊以上の売り上げを記録している。

一九七八年に日本研究を始めた私は、以来、毎年のように日本を訪れているので、本書の日本語版（『現代中国の父　鄧小平』〔上・下〕、益尾知佐子・杉本孝訳、二〇一三年九月）が日本経済新聞出版社から刊行されたのは、ほんとうに嬉しいことだった。これまでの研究の成果を、まとまった歴史の全体像として、残しておきたいと思ったからだ。ただこの本は英語版が八〇〇ページ以上、日本語の翻訳は上下二冊で計一二〇〇ページ近くもあって、誰でもが読み通せるわけではない。そこで、同業の社会学者でもある友人の橋爪大三郎氏が、鄧小平を理解するポイントについて私をインタヴューし、誰もが手に取れる新書のかたちにまとめませんか、と提案してくれたのは渡りに舟だった。橋爪氏は、中国についてもしっかり勉強して、周到にインタヴューを進めてくれた。

このインタヴューは短いけれど、鄧小平の生涯と業績の大事なポイントをすべて盛り込むものになったと思う。

鄧小平は、清朝の末期に生まれ、親戚が教える私塾で儒教の教育を受けた。中国の伝統に従ったわけである。その後、一九一一年の革命に続く混乱のさなかで青年期を過ごし、当時の多くの若者たちと同じく、中国が近代化して強国となることを願う熱烈な愛国者になった。それからフランスで五年、ソ連で一年を過ごして、一九二七年に帰国した。中国が西欧の産業文明にどれほど遅れをとっているか、身に沁みてわかっていたし、ソ連の共産主義がどんなものかも肌でわかっていた。

帰国してすぐ鄧小平は、国共分裂にともなう争乱に巻き込まれる。ほどなく、江西省のソヴィエト地区に派遣されたが、そこでは毛沢東が、中国革命を目指して農村根拠地づくりを進めていた。鄧小平は、毛沢東の率いる長征にも加わり、山西省南部を基盤に抗日戦を戦った。鄧小平はまもなく、共産主義の思想が堅固で、指導者としての素質もそなえた人物として、毛沢東の目にとまるようになる。

鄧小平は、一九七八年一二月の第一一期三中全会で、中国の最高指導者となったのだが、このときまでに、万全の準備を整えていた。外国で過ごした経験もあり、人民解放軍を一二年間指導した経験もあり、党の宣伝文書を起草した経験もあり、一九四九年から一九五二年まで、一億人の人口を擁する西南局で、最高指導者をつとめた地方行政の経験もある。一九五二年に北京に呼ばれてからは、毛沢東と周恩来のかたわらで業務にはげみ、中国のさまざまな重要問題を熟知するようになった。一九五六年から一九六六年のあいだ、中国共産党の総書記をつとめ、雲の上の存在である最高指導者の毛沢東に代わって、日々の業務を処理した。一九七三年から一九七五年にかけては、周恩来の癌《がん》が悪化したので、その右腕として、外国の要人と会見したり外交政策を立案したりした。

鄧小平が指導力を発揮したのは、しかし、幅広い長期の経験によるばかりではない。毛沢東の誤った政策である大躍進や文化大革命で、鄧小平も個人として辛酸をなめ、江西の片田舎にやられて、どういう改革が必要かじっくり考える時間があったことが大きい。

鄧小平は、権力の座につくと、日本を一〇日間じっくり訪問し（一九七八年一〇月）、東南アジア（一九七八年一一月）、アメリカ合衆国（一九七九年一月）も訪れた。

鄧小平は飛び抜けて有能な指導者だった。重要なこととどうでもよいことをはっきり区別し、諸外国と良好な関係をたもち、近代化を進めるにはどうしたらよいかについて中国の学生たちや指導者たちを教育する道筋をつけた。

鄧小平は、中国の方向を、どのように転換させたのか。これほどまで強大な経済的・政治的パワーをもつに至った中国の、基礎をどのように築いたのか。その答えを、橋爪氏と私の二人で、講談社現代新書として日本の読者に届けることができて、嬉しく思っている。

# 『鄧小平』（新書版）のできるまで

橋爪大三郎

エズラ・F・ヴォーゲル博士は、現代アメリカの日本研究、中国研究を代表する社会学者である。長年、ハーバード大学教授を務めた。

一九九九年から翌年にかけ、私は客員研究員として、ハーバード大学に滞在していた。尊敬するヴォーゲル博士にも何回か、インタヴューを受けていただいた。博士が二〇〇〇年に同大学を退職してからも、大学のすぐ近くのご自宅を訪れるなど、交流が続いた。インタヴューのなかみは、『こんなに困った北朝鮮』（橋爪大三郎著、メタローグ、二〇〇〇年）、『ヴォーゲル、日本とアジアを語る』（エズラ・ヴォーゲル×橋爪大三郎著、平凡社新書、二〇〇一年）、そのほかの雑誌の記事で見ることができる。

ハーバード大学を退いたヴォーゲル博士は、鄧小平を研究のテーマに定め、なおも多忙な日常の合間をぬって、エネルギーのすべてをこの研究に投入し続けた。以来、一〇年あまり。ついに、待望の『鄧小平』（本編）が完成した。英語版が二〇一一年、中国語版（香港版、台湾版）が二〇一二年、中国語版（大陸版）が二〇一三年、日本語版が二〇一三年。中国語版（大陸版）は特に、予想を上回るベストセラーとなり、多くの読者に迎えられた。

私は刊行と同時に英語版を読み、中国語版も読み、日本語版も出るのを待ちかねて目を通した。中国語訳も日本語訳も、すぐれた訳である。ヴォーゲル博士の研究の全貌が、このようなかたちで、英語圏や中国、日本の読者の目に触れることとなったのは、きわめて喜ばしい。

『鄧小平』（本編）は、かっちりした学術書の体裁をとっている。関連資料をくまなく踏査し、膨大で周到なインタヴュー、クロスチェックを経て、歴史に生き、歴史を拓いたひとりの指導者の実像に迫っている。分析は客観的、合理的で、関連事項への目配りも行き届いている。実証研究とはこうあるべきだという、お手本のような見事な書物である。ただ、残念な点を言えば、ボリュームが大きい。値段がそれなりに高い。内容が専門的で、敷居が高い。本来ならばここから有益な情報をえられるはずの広汎な一般読者に、このままでは届きにくいことだ。

やはり、ヴォーゲル博士の鄧小平研究の核心を、わかりやすく伝える「普及版（ポピュラーバージョン）」がなければならない。こう確信した私は、ヴォーゲル博士を訪問し、鄧小平についてのインタヴューを新書にしませんか、と提案した。ヴォーゲル博士は、賛成してくれたが、いくつか条件がついた。日本語版の出版に尽力した日本経済新聞出版社に迷惑をかけないこと。日本語版の出版から、まる二年以上、時間を空けること、などなど。版元は、講談社現代新書がひき受けてくれることとなり、企画がスタートした。

インタヴューは、二〇一三年一〇月に一回、二〇一四年一一月に三回、の計四回。場所は、ハーバード大学近くのヴォーゲル博士の自宅。日本語で行なわれた。その記録を、私が整理し、原稿にまとめて、ヴォーゲル博士に目を通していただいた。注の作成や編集の作業全般は、講談社の川治豊成氏、米沢勇基氏が担当した。また、日本語版の翻訳者である益尾知佐子氏に、原稿に丁寧に目を通していただき、いくつかの誤りを修正することができた。

こうした準備を経ていま、本書が、日本の読者の手に届けられることになったのは、とても嬉しい。

本書は、ふた通りの役割がある。ひとつは、『鄧小平』（本編）を読みたいなと思いながらも、手が伸びないでいた読者に対して。著者のヴォーゲル博士が、鄧小平と現代中国についての本質を、ずばりとわかりやすく話してくれる。本書がいわば予告編となって、『鄧小平』（本編）にチャレンジしようという意欲が湧くはずだ。もうひとつは、すでに『鄧小平』（本編）を読み終えた、読者に対して。ロードショーの映画館で売っているプログラムの製作ノートみたいに、大作の舞台裏や、読みどころ、事情で収められなかったエピソードなど、本作をいっそう深く味わうために役に立つ。要するに、この『鄧小平』（新書版）は、『鄧小平』（本編）と二人三脚なのであり、一粒で二度おいしいヴォーゲル博士の世界が楽しめるのである。

それでは、エズラ・ヴォーゲル博士の描く、鄧小平とその世界を、心ゆくまで楽しんでいただきたい。

**『鄧小平』（本編）書誌情報**

**英語版**

Ezra F. Vogel, *Deng Xiaoping and the Transformation of China*, Belknap Press of Harvard University Press, 2011

**中国語版**

傅高義『鄧小平時代』、馮克利譯、香港中文大學出版社編輯部譯校、香港中文大学出版社、二〇一二年

傅高義『鄧小平改變中國』、馮克利譯、香港中文大學出版社編輯部譯校、天下文化出版股份有限公司、二〇一二年

傅高义『邓小平时代』、冯克利译、生活・读书・新知三联书店、二〇一三年

**日本語版**

エズラ・F・ヴォーゲル『現代中国の父　鄧小平』（上・下）、益尾知佐子・杉本孝訳、日本経済新聞出版社、二〇一三年

※これらを総称して、本文中では、〃『鄧小平』（本編）〃と略称する。本書『鄧小平』（新書版）と区別するためである。

目次

の混乱／解放軍が介入／左派とは何か／林彪vs.左派／林彪失脚の原因／指導者の交替／林彪と四人組／四人組と解放軍／鄧小平の失脚／田舎で過ごす／復帰後のビジョン／反右派闘争の反省／不倒翁

## 第5章　鄧小平の改革開放

**【改革開放と鄧小平】**／改革開放とネップ／類似の試み／華国鋒の試み／毛沢東の功罪／谷牧の視察団／西側がブームに／華国鋒の再評価／継続を強調する／革命よりも改革／社会主義の初級段階／共産党は永遠か／共産党と自民党／改革開放の動機／改革開放はなぜ支持された／解放前の記憶／幹部の復権／中央工作会議／多様な幹部／指導者の交替と人事／経済特区／農業自由化／農民の意欲向上／郷鎮企業／改革開放の成功の要因／鄧小平の指導／社会主義市場経済／明治初期との類似

エズラ・F・ヴォーゲル（左）が橋爪大三郎に語り尽くした

# プロローグ

**はじめから中国研究者**

——先生は日本と中国を、ずっと研究してきたのですね。

**ヴォーゲル**　博士号はハーバード大学で、社会学で取りました。タルコット・パーソンズ[*1]教授の指導です。そのあと二年間イェール大学に行って、また戻ってきた。

研究テーマは、イェール大学では「家族関係と精神衛生」だったが、ハーバード大学の友人をたずねたら、東アジア研究が面白そうだった。そこでペルゼル[*2]という先生の紹介で、その方面に進むことになりました。いまはポストがなくても、将来は有望だよと。ぺ

＊1　タルコット・パーソンズ……Talcott Parsons 1902–1979 社会学者、ハーバード大学教授。社会システム論をベースに、構造‐機能分析を提唱。

＊2　ペルゼル……John C. Pelzel 1914–1999 人類学者。ＧＨＱ将校として来日。ハーバード大学教授、ハーバード燕京図書館長をつとめる。

ラー[*1]教授も、東アジアの研究を進めていた。私は中国もあわせて研究したいと思いました。

ちょうどたまたま、奨学金が受けられた。ハーバード大学は、いろいろな財団の資金を集め、中国社会の研究者を育てたかったのですね。最初は三年間の任期付きポストで、教員に残れる可能性もあった。可能性があったのは、ライシャワー[*2]教授の講座で、中国研究の部門だったが、せっかく日本を勉強したので、それも続けたかった。両方やればよい、とフェアバンク[*3]教授とライシャワー教授が合意したのですね。これが一九六六年のことだった。

——それはすばらしい。

**ヴォーゲル**　中国と日本と、その両方を研究するのがこんなにむずかしいなんて、そのころはわからなかった。だから大胆に、そう決めたんです。

## 中国と日本を研究

**ヴォーゲル**　社会学者はね、社会を理解するために、やっぱりインタヴューをしなくちゃいけない。それには日本語も、中国語も使う。ですから、両方を勉強した。

担当した講義は、「日本社会」と「中国社会」。それから、ハーバード大学は一般教育を充実させることになって、ベテランの教授たちはコアプログラム[*4]を担当した。東アジアを教えるにはどういう講義がよいかという話になり、私は、「東アジア産業社会（East Asian Industrial Society）」はどうだろう、と提案した。日本や韓国、台湾、さらには中国も扱います。パーソンズは「西欧産業社会」（Western Industrial Society）とよく言っていたが、日本だって産業社会だし、東アジアはまた別の産業社会だろうと私は考えたのです。

研究は、ボクは集中してやるんですね。でも教えるほうは、日本と中国を両方ずっと教えた。七〇年代、日本は変化がすごかったですね。私は、日本の経済界について教えましたが、アメリカはもっと日本のことを知るべきだと思った。ですから七〇年代後半は、日本を集中的に研究した。で、八〇年代はまた中国を、というふうにしたんですね。

＊1　ベラー……Robert N. Bellah 1927–2013 社会学者、ハーバード大学教授。著書に『市民宗教論』『徳川時代の宗教』など。

＊2　ライシャワー……Edwin O. Reischauer 1910–1990 日本研究者、中国研究者。ハーバード大学教授。一九六一—六六年、駐日大使をつとめる。

＊3　フェアバンク……John King Fairbank 1907–1991 中国研究者、ハーバード大学教授。ハーバード大学中国研究所の初代所長をつとめる（一九五五—一九七三）。

＊4　コアプログラム……学部の教養課程の中核となる一連の科目。

——なるほど。面白いですねえ。

一部に誤解があると思うんです。ヴォーゲル博士は日本の専門家で、日本を研究していた。けれど、中国の発展がめざましいので、あとから中国の研究に変わった、と。でも、全然違うんですね。

**ヴォーゲル**　そう、誤解ですね。

六七年にはもう、中国の研究をやろうと決めていた。当時は、中国が大きくなるとは、誰も思っていなかった。人口こそ七億人ぐらいで将来は大事だと思われていたが、あんなに成長するとはね。ボクはその中国社会をもっと理解しようと、六〇年代以来ずっと勉強を続けたんですね。

——ヴォーゲル先生は、言葉にこだわって、日本語も、中国語も、あるレヴェルのところに行かないとダメだと、勉強を続けます。すばらしい。そういう研究者は少ない。

**ヴォーゲル**　ボクの時代はね、少なかった。

——今でも、少ないですよ。

## 両国でベストセラー

**ヴォーゲル**　日本語と中国語と、両方がよくできるひとは数人います。でも、日本語と中国語の、両方で講演ができるひとは、ボクは知らないなあ。

——そうですよ。

**ヴォーゲル**　日本について本を書いて、日本でベストセラーになり、中国について本を書いて、中国でベストセラーになる。それもボクひとりですね。ボクは、運がよかった。

——運だけじゃ、ないですよ。

**ヴォーゲル**　ハハハ。中国の友だちは、ボクのことを、「苦干《グーカン》」（頑張り屋）と言うんです。ボクはそういうタイプですね。日本語では、働きバチ。まあ、一生懸命やった。『鄧小平』（本編）を書いたとき、中国でベストセラーになるとは思いませんでした。中国で出版できるか、できないかがまず問題だったのですから。中国を理解するのに、なにが必要か、みたいなことばっかり考えていた。

**なぜ、鄧小平か**

——鄧小平をなぜ、テーマに選んだのでしょう。いつごろ、決めましたか。

**ヴォーゲル**　二〇〇〇年に、七〇歳で退職しました。退職したあとでもハーバード大学では、頭がはっきりしていれば、続けて教えてよいのです。でもボクは、学生を教えるのは若いひとに任せたほうがいいと思った。

そこでボクが考えたのは、ライシャワー教授とフェアバンク教授のこと。二人とも、自分の大学に責任をもち、アメリカ人や、西側の人びとがもっと、アジアをきちんと理解するように力を尽くした。民主主義の国は、国民の素地が高くないと、よい政策がつくれないんです。学者が研究を進め、一般の人びとも理解を深めれば、少なくともいい政策をつくる可能性がうまれる。

ではアメリカ人が、現代中国を理解するのに、何が必要か。

七六年に毛沢東[*1]が亡くなって、中国の大きな変化が始まった。七八年前後から二〇〇〇年までの変化をずっと見てきて、どうしてこのような変化が起きたのか研究して、それを本にまとめたいと思った。

七八年以降はもちろん、鄧小平の時代ですね。

改革開放[*2]が始まった当初、ボクは、鄧小平がこんなによくやるとは思わなかった。彼はね、外国について、たとえばロシアについて、準備なしに講演ができる。ベトナムについても、アメリカ、フランスについても、詳しく知っているし、合理的に説明できる。それから外国人と、うまくつきあえる。アメリカの指導部や、民主党、共和党とも、よい関係にあった。それから彼の考え方、そして政治のやり方は、すごく面白いとボクは思った。

ですから、中国の現代を理解するためにはね、鄧小平のつくった新しい道がどういう動きをしているか、誰がどういう考えをもっているのか、そういうことを研究すべきだと思ったのです。そうすれば、現代中国が少しは理解できるんじゃないか。

たとえば現在の習近平[*3]の世代は、学者が扱うにはちょっと早い。熟していない。ジャーナリストは書かざるをえないし、書いてもよいのですが、学者はそうはいかない。

鄧小平の場合にはいろいろな資料があって、割合に調べやすい。だから、鄧小平をやろう。鄧小平はそういう、重要なテーマだと、ずっと思っていました。

――その昔、ドイツの哲学者ヘーゲル[*4]は、ナポレオンのことを、「時代精神が馬に乗ってやって来る」、と言いました。それになぞらえて言うなら、鄧小平は、二〇世紀後半から二一世紀にかけての世界史にとって、もっとも重要な人物だと言っていいのです。

＊1　毛沢東……中国の革命家、政治指導者（一八九三―一九七六）。一九二一年、中国共産党の設立に参加。中国共産党の指導者として根拠地を建設、国民党との内戦を勝ち抜き、一九四九年、中華人民共和国を建国した。

＊2　改革開放……一九七八年に採択された新政策。経済特区の設置、人民公社の解体、外国の資本技術の導入などを進めた。

＊3　習近平（一九五三―　）……二〇一二年に党総書記に就任。父は元国務院副総理の習仲勲。

＊4　ヘーゲル……Georg Wilhelm Friedlich Hegel 1770-1831 ドイツの哲学者。カント、ライプニッツらを踏まえて、弁証法に立脚する哲学体系を樹立。

**ヴォーゲル**　私もそう思います。

――ところが、そのことを、世界の人びとはよくわかっていない。この巨大な変化は、中国の一〇億あまりの人びとの集合的な努力によるのでしょうけれど、その象徴が、鄧小平という人物である。とすれば、鄧小平は、まさにこの時代の「時代精神」なのではないでしょうか。

**ヴォーゲル**　二〇世紀の指導者で、歴史を変化させたのは誰かと言えば、それはやっぱり鄧小平です。あれだけの、一〇億の人口を抱えながら、バランス・オブ・パワーを考えていたんですね。いま中国は相当強くなった。あと一〇年か二〇年で、GDPは世界のトップになるだろう。これがどうして可能になったかというと、鄧小平の開いた道なわけです。もちろん彼の力だけではなくて、たくさんの中国人が協力してできた。ですから、彼だけが独特の考え方というわけでもないんですけれど、あれほど経験があって、権威があって、あらゆる面の実力を兼ねそなえている人は、いないんだな。

――『鄧小平』(本編)を読むとわかるんですけど、鄧小平は、とっても意志が強い人である。そして、先が見える人である。

**ヴォーゲル**　そうそう。

――それから、国際関係、政治、経済、さらには軍事、社会文化に至るまで、それらの関係を、よーく理解している。そして、ものごとの優先順位をつける。いま何をやる、つぎ何をやる、これは後でいい。そういうことがとてもよく見えている人ですね。だから中国にとっては、すばらしいリーダーだった。

**ヴォーゲル**　中国にそういう指導者がいなかったら、大変だった。彼のような人間が現れる、背景がありました。当時の中国の指導部の事情は特別だったのです。

――鄧小平が幸運だったのは、ヴォーゲル先生という学者がすぐ現れて、『鄧小平』（本編）という本を書き、世界中の読者に、その真実の姿を伝えたことだと思います。

**ヴォーゲル**　ありがとうございます。

ボクが本を書くときに、妻が言うんです、早く書かなきゃダメよ。どこかの誰かが似たような本を出すといけないから。そこで、少し急いで、でもじっくり書いた。

いま思うとね、どうして鄧小平はあれほど重要な人間なのに、誰も彼のことを真っ先に研究しなかったのか、ボクには理解できないんだ。やはり、鄧小平は特別な役割を果たした。書き終わった後だから、確信をもってボクはそう言える。鄧小平という人間と、その時代、彼の考え方などを、だいたい明らかにできた。

鄧小平は秘密を守るのですが、周囲から詰めていくと、なにを考えているかはだいたいわかる。証明しにくいところもありますが、おおよそ解明できたと思いますね。

## インタヴューのやり方

――『鄧小平』（本編）を読んでびっくりするのは、ここまで鄧小平のことを知っている人は、中国にもたぶんいない。

**ヴォーゲル**　いやいや、いると思いますよ。

――たとえるなら、望遠鏡や顕微鏡やX線や、あらゆる方法を使って、鄧小平についての必要な情報を集めて整理した。だから鄧小平を理解するには、この本を読めばいい、という感じがするんですよ。

関連する文書を集めて、全部読むことがまず必要です。でも、十分ではない。インタヴューをして、関係者の証言も集めていく。インタヴューだと、文字に書きにくいことも、つい口から出てくることがある。この本の研究方法について、教えて下さい。

**ヴォーゲル**　インタヴューには、コネクションを存分に使ったのです。たとえば任意(Ren Yi)という学生がハーバード大学にやってきた。彼は、旧知の元広東省の省長・任仲夷[*1]の孫です。数年、ハーバードケネディースクール（行政学院）にいて、MA（修士号）をとって帰っていった。彼が私にいろいろなひとを紹介してくれました。そもそもハーバード大学には、いろいろなひとが来るのです。江沢民[*2]が訪問したときには、私が受け入れと案内を担当した。それは、多くのひとがやりたくてもできないことですね。

中国の友だちの紹介もあった。ボクは友だちができると、なるべく彼らを守りたいと思うんですね。中国は危ないところですから。そこで、誰がなにを言ったか、明かさないようにした。その人の将来が心配だからです。コネがなかったら、そこまでの情報は教えてもらえなかったかもしれない。

インタヴューでは、無理をしませんでした。相手が言いたくない場合は、ボクは圧力をかけないんです。相手がそこまで話したら、そこまで。それ以上無理はしない。相手と気が合って打ち解けるように、本を読み、大勢のひとの話を聞いたりして準備し、その人の背景とか、どういうことをしたとか頭に入れて、一人に会うのにだいたい丸一日をかけます。

インタヴューは、自然を心がけます。事前に、こういう順序で質問するとか決めない。

＊1　任仲夷（一九一四―二〇〇五）……広東省第一書記をつとめた（一九八〇―一九八五）。
＊2　江沢民（一九二六―　）……一九八五年に上海市長に就任。天安門事件を機に抜擢され、中国共産党総書記をつとめた（一九八九―二〇〇二）。

どういう話の流れだと、相手にとって面白いかを考えます。たとえば、ある人が、ある年に変化があったとして、ボクが聞くのは、その年は興味深いが、思い違いかな、思い違いでないとしたら、どういうことかな、みたいな。相手が面白いと思って、簡単なイエス／ノーでは答えられないような質問をするのです。どうしてそういうことをやったか、どういう人と協力したのかとか。

——なるほど。

**ヴォーゲル**　だいたい一ページにひとつ、質問を書いておくんです。でも、インタヴューのときには相手には見せない。大事なことをまだ話してないなと思ったら、これについてちょっと聞きたいが、こうこう、と尋ねる。そうやって、面白い対話ができる。

## 年譜を活用

**ヴォーゲル**　『鄧小平』（本編）の初稿を書くときは、鄧小平の年譜[*1]を主に利用したんですね。何月何日、どういう人に会った、どういうわけで、と。

でも、第二稿では、その日付が、たとえば七月二一日だったら、七月としました。ある事実を説明するのに、なるべく関係あることを一緒に書くんです。そして、自分の考えはなるべく言わないで、代わりに、こういう事実とこういう事実があってこうなったという流れを、できるだけ読者に追ってもらう。そうすれば、ボクの結論と同じ結論を、読者も導くだろう。また、鄧小平が何を考えていたとか、あの人物がこう考えていたとかも、なるべく言いません。代わりに、事実を説明して、それから彼が何をやったかという順序で説明すると、読者はたぶんそういう理由じゃないかと自分で想像する。ボクから、彼がこう考えていたと説明するには証拠が足りないが、背景を説明して読者に理解してもらい結論を出してもらう。ボクは、そういう方法論をとったのです。

——まるでミステリーですね。殺人事件があって、この人が犯人らしいとわかっても、そうは言わない。凶器が落ちていた、この人は何時何分に入ってきた……。動機が必要で、証拠が必要で、状況が必要なんですけれど、それを周りから埋めていき、わからないことはわからないと言う。さあ、読者が考えて下さい、ですから、ストーリーがあって、面白くて、わくわくするんですね。

＊1 鄧小平の年譜……『鄧小平年譜（一九〇四—一九七四）』（中共中央文献研究室編／楊勝群・閆建琪編、中央文献出版社）全三冊、『鄧小平年譜（一九七五—一九九七）』（冷溶・汪作玲編、中央文献出版社）上・下。

## パーソンズが役に立つ

**ヴォーゲル**　ボクは書いたものをなるべく、高校時代の友だちに読んでもらうんですね。彼らは大学に進んだけれど、学者ではない。そんな彼らが読んで、理解できることがとても大事です。彼ら、ふつうの人びとが理解できないような言葉（専門用語のたぐい）を、ボクは使わない。

　でも、パーソンズは別だな。「社会構造」[*1]とかね。特に結論の章で、ボクはパーソンズの、経済とか政治とか、社会構造と価値観とか、そういう多くの要因が複合する多面的な考察を、試みたのです。パーソンズの名前も出さないし、専門用語もパーソンズの理論も出しませんが、頭のなかでそういうことをひと通り全部考えた。それを隠し味に、出来事全体の自然な流れを説明したのです。

――やっぱり！　パーソンズの「におい」を私は感じました。さすがお弟子さんですね。

**ヴォーゲル**　ハハハハ……。

　橋爪さんは、わかるんですね。でもほとんどの読者は、パーソンズの名前を出しても、わからないと思う。

＊1　社会構造……社会システムを構成する諸要素の相互連関のうち、相対的に安定したパターン。

# 第1章　鄧小平とは何者か

16歳の鄧小平　©Kaku Kurita／amanaimages

【鄧小平の生い立ちとフランス留学】

鄧小平は、一九〇四年八月二二日に四川省の農村で生まれた。毛沢東が一八九三年、周恩来[*1]が一八九八年の生まれなので、彼らより少し若い。

父親は小地主で、いつも家をあけており、やがて経済的に苦しくなった。けれども、鄧小平がしっかりした教育を受けられるように配慮した。母親は鄧小平を可愛がった。鄧小平は、村で儒学の手ほどきを受けたあと、一一歳で近くの町の小学校に入った。一四歳で中学校に進んだ。翌年、五四運動のデモに参加している。

当時、フランスに留学しアルバイトしながら大学に通うという奨学金があったので、応募し、最年少でこのプログラムに参加できることになった。一九二〇年、一六歳の鄧小平は、上海から船に乗り、東南アジア、セイロンを経由し、マルセイユに上陸した。到着してみると事情が変わって、計画通りに通学することができなくなった。学生たちは抗議運動を組織した。一九二一年に中国共産党[*2]結成の報が伝わると、学生たちは傘下の「中国社会主義青年団[*3]」となった。リーダーは周恩来で、鄧小平も参加した。

鄧小平は働きながら学生たちの勉強会に参加し、周恩来のもとで事務所の雑用を分担した。一九二四年に組織の執行役員となり、中国共産党員にもなった。やがて逮捕の危険を

**感じた鄧小平は、ソ連に脱出した。そしてモスクワで、国民党[*4]と共産党の幹部養成機関として設立されたばかりの中山大学[*5]に入学した。ここで一年間、みっちりマルクス主義を学んだ。そして、ロシア革命直後の市民生活のありさまを実体験した。**

**そのあと鄧小平は、一九二七年一月にコミンテルン[*6]の指示で、中国の陝西《せんせい》省に派遣されている。**

＊1　周恩来……中国の革命家、政治家（一八九八―一九七六）。毛沢東に従って中国革命を進め、中華人民共和国が成立すると、政務院（のちの国務院）総理をつとめた。

＊2　中国共産党……コミンテルン中国支部として一九二一年に創設。

＊3　社会主義青年団……中国共産党の青年組織。のちの共産主義青年団。

＊4　国民党……一九一九年に孫文が結党。のち蔣介石が国民党を率い、中国共産党と内戦を繰り広げるも敗れ、台湾に逃れた。

＊5　中山大学……一九二五年にソ連と中国共産党がモスクワに設立した大学。モスクワ中山大学。一九三〇年解散。

＊6　コミンテルン……コミュニスト・インターナショナル。国際共産党。一九一九年、レーニンのロシア共産党がモスクワに設立した国際組織。

## 四川省で生まれた

――鄧小平は、四川省の農村の出身ですね。父親は資産家だった?

**ヴォーゲル**　大金持ちではないけれども、かなり、いい家庭の出身ですね。鄧小平の祖父はまじめで、資産を蓄え、雇い人も数人いて、悪く言えば地主でした。鄧小平の父親は、あちこち出歩いて、たまに博打もやった。借金のカタに、土地を少しずつ切り売りしていったようです。でも、鄧小平の学費を出すぐらいのことはできた。

――母親とはよい関係だったようですね。

**ヴォーゲル**　母親は、若いときに亡くなったのですけれど、関係はよかった。娘の鄧榕に聞いたら、鄧小平は、自分の父親についてほとんど話してない。関係がよければ、話すはずです。でも彼は、あまり人の悪口を言うひとではない。過去のことは過去のこと、これからどうやるかを考えます。

## 家族を大事にする

――毛沢東は、父親と関係がよくないのに加え、自分の家族や子どもに対してもとても冷たいのですが、鄧小平はそういうところがあまりない。

**ヴォーゲル**　ないですね。毛沢東は、革命や闘争への、強い感覚をもっていたのです。

いろいろ記録を読んだが、鄧小平にはそういうところは見つからなかった。

**客家なのか**

――鄧小平は「客家《はっか》＊1」だと書いてある本もあるのですけれど、そうなのでしょうか。

**ヴォーゲル**　娘さんたちと話したのですが、彼は、そうは言っていない。一族は広州から来たのですね、だいたい二〇〇年前。だから客家の可能性もあるんですけれど、彼本人がそういうことを言っていませんからね。彼は客家だと書くひともいます。でも証明できないし、彼の娘さんたちが、客家であることを疑問に思っているわけなので、『鄧小平』（本編）にはそのことを書かなかった。

――客家は、中国では、やはり差別される面もあるのですか？

**ヴォーゲル**　移民みたいな感じですね。あとから村に入って来ている。たとえば広東省では、ふつうの水田があるとして、後から来た人は、北のほうから来て、だいたい水田より上の山側に住んでいた。前からいる人びとと関係がよくなく、悪く思われている場合もある。

＊1　客家……戦乱を避けるためなどで移住し、地元民から外来者とみなされる人びと。客家語を話す。

## 西洋式の学問

——つぎに、教育について。鄧小平は、儒学の教育も受けているし、西洋式の教育も受けている。ちょうど切り換わりの時期ですね。

**ヴォーゲル**　おっしゃる通り。

——毛沢東は、儒学の教育の影響が強いようですが、鄧小平はどうですか。

**ヴォーゲル**　毛沢東は一八九三年の生まれ。毛沢東の教育はおもに、辛亥《しんがい》革命（一九一一年）前のものなんです。いっぽう鄧小平は一九〇四年の生まれ。七歳まで村で、儒学の基礎を学んだけれども、そのあと、いち早く、西洋式の学問を勉強しました。学校はできたばかりで、制度が整っていなかったけれども、そこで、数学、歴史、地理などを学んだのです。

毛沢東は、そのころすでに勉強をやめていて、一九一一年のあと、北京大学の図書館に勤めた。学生ではなくてね。そして、知識人たちに、不信感を抱くようになった。

——数学、物理、化学、歴史学、経済学……。こうした学問をきちんと勉強したかどうかで、指導者としての資質に大きな違いが出てくると思うのですが。

**ヴォーゲル**　私もそう思います。

## フランス留学

**ヴォーゲル**　鄧小平は、一六歳でフランスに留学します。フランス語はあまりよく出来なかったんですけれど、勉強家だった。ある者はマルクスを読み、ある者は経済を読み、留学生たちは政治を熱く語りあった。中国がどうして一九一九年（第一次世界大戦の戦後処理）に、これほど損害を被ったのか、知ろうとしたのです。

結局、鄧小平は、フランスの大学の正規生として、勉強することはできなかったが、留学生たちの勉強会で、多くを学んだ。参加者はみな、知識階級の人びとで、政治の動き、歴史の現状を話し合った。そういう討論の場が、非常に大事だったのです。

――そもそも当時の留学って、大変なことですよね。家族に経済力があって、チャンスに恵まれるのはもちろん、本人の強い意志がなければ。

**ヴォーゲル**　両親が、少なくとも父親が、留学させたのですね。そのころ若者は、父親の言うことを聞くものだった。どこまでが父親の意思で、どこからが本人の意思だったか、何とも言えません。まあ、両方とも必要だった。

## 中国共産党フランス支部

――フランスでは鄧小平は、ずいぶん苦労もしていますね。肉体労働もしているし、給金が支払われなくて違う工場に移ったり、抗議運動をしたり。

**ヴォーゲル**　鄧小平はフランスに行って、フランスの変化をよくみました。彼は、「われわれは知識階級である、指導者である」という意識があったのですね。将来の指導者としてのプライドを抱きながら、どこかの工場で、薄汚れた、みながやりたがらない仕事をする。革命が必要だと思うようになるのは、自然なことです。

――そのころ周恩来に出会っています。周恩来は、リーダー格だった。鄧小平からみて周恩来は、どういう存在だったのでしょう。周恩来の影響で、共産党に入った？

**ヴォーゲル**　彼個人の影響、とは言えないと思います。そういう記録はない。ただ留学生のグループのなかで、周恩来は、日本の経験もありイギリスの経験もあり、鄧小平よりも年上で、自然にそのグループの指導者になった。鄧小平はグループの中で、周恩来に指導されることになり、彼を尊敬した。そのあと、共産党の事務所で鄧小平は印刷工をやり、「坊や」とよばれて、何でもやっていた。

周恩来はそれだけ経験のある大先輩ですから、鄧小平に対していちばん影響が強かったのだろうけれども、記録がないからそれ以上のことは証明できない。でも鄧小平は、周恩来をとても尊敬していたはずですね。

――そのころ、中国共産党のフランス支部ができました。中国共産党そのものができたばかりで、本国では大したことがなかった。そこでフランス支部は、とても大きな影響力をもっていたのですね。

**ヴォーゲル**　そうそう、おっしゃる通り。

だいたい、ときどき人が行き来する個人的なネットワークだと思うんです。中国で共産党ができたという情報が入ってきて、中国共産党の支部をつくった。

**国民党にも加入**

――『鄧小平』（本編）に少しだけ書いてあったのですが、鄧小平は一九二三年に、国民党に入党していますね。これは、共産党の指示だったのでしょうか。

**ヴォーゲル**　あのね、一九二三年から二七年まで、共産党と国民党は統一していた時代（第一次国共合作）。孫文[*1]は、二五年に亡くなりましたが、でも二七年までは、まだ統一していた。ですから反対はなかったんですね。

――なるほど。

**ヴォーゲル**　国民党は、ソ連ともいい関係にありました。鄧小平は、二六年から二七年に

＊1　孫文……中国革命の指導者（一八六六―一九二五）。三民主義を唱え、中国国民党を創設。

かけてモスクワに行っていますが、モスクワでは、蔣介石[*1]の息子と同級生です。

——蔣経国[*2]ですね。

**ヴォーゲル**　はい。蔣経国は同級生。知り合いなのです。

国民党と共産党は当時までは、まあ意見の違いはあったとしても、メンバーは重なってもいた。分かれていなかったんですね。

もちろん後で、国民党と共産党が敵になったときには、共産党の人間は、国民党だったことをあまり言わなくなります。でも、フランスにいたころに国民党に参加したことは、後でもあまり批判されていないと、私は思います。

——二三年に国民党に参加したことは、ずっとあとでも、批判の対象にならなかった？

**ヴォーゲル**　それは、共産党は、全部許したんですね。二七年以降は違うんですけれど。

——国民党に加入したとき、鄧小平はもう共産党員だったと思うんですが、それは隠していたんでしょうか。

**ヴォーゲル**　彼は隠さなかったと思います。

彼がいつ参加したかなど、ボクははっきり細かいことを覚えていないんですが、マリリン・レヴィン（Marilyn Levine）というアメリカの学者が、そういう詳細を論文に書いています。

＊1　蒋介石……中国の政治指導者（一八八七—一九七五）。日本の陸軍士官学校出身。孫文の死後、国民党の実権を握り、共産党との内戦に敗れて一九四九年台湾に移る。

＊2　蒋経国……蒋介石の息子（一九一〇—一九八八）。一九七八年、中華民国総統に就任。

# 第2章　革命家、鄧小平

左から、粟裕、鄧小平、劉伯承、陳毅 ©Kaku Kurita／amanaimages

【中国に戻った鄧小平と共産党】

中国に戻った鄧小平は、やがて上海で、地下活動に入った。そして、モスクワで知り合った張錫瑗《ちょうしえん》という女性と結婚をした。そのあと一九二九年には広西省に派遣され、根拠地の構築に従事した。しかし軍閥に攻撃されて、自分の部隊と離れ、単身上海に戻った。身重の妻は産褥熱《さんじょくねつ》で亡くなり、子どもも死んでしまった。そのあと鄧小平は、阿金《あきん》という革命家の女性と知り合い、結婚した。

一九三一年、鄧小平は妻とともに、江西省の瑞金《ずいきん》に着任した。毛沢東がソヴィエト根拠地を築いていた地域である。鄧小平は、毛沢東を高く評価するようになったが、党中央は毛沢東だけでなく鄧小平も批判し、妻の阿金までもがその批判に加わった。鄧小平は職を解かれるが、フランス時代からの友人・李富春《りふしゅん》に助けられた。

国民党が井崗山《せいこうざん》*1の共産党根拠地への攻勢を強めたので、共産党は同地を脱出、長征の途に出る。八万余の兵力は一九三五年、陝西省に着くころには一万に減っていた。途中、遵《じゅん》義《ぎ》の会議*2で、毛沢東は共産党の指導権を確立している。

一九三七年、日本が全中国の支配に乗り出すと、国共合作*3（第二次）が成立した。共産党は延安を根拠地に、八路軍*4を組織。鄧小平は劉伯承《りゅうはくしょう》*5とペアを組んで、抗日戦争、つい

**で国共内戦を戦った。鄧小平は卓琳《たくりん》と一九三九年、延安で三度目の結婚をした。卓琳は、三人の娘と二人の息子を生んだ。**

**劉鄧軍は、毛沢東の命令で、大別山地に根拠地を確保するため、多大な犠牲を払って戦いをやりとげた。国共内戦の天王山となる淮海戦役《わいかいせんえき》*6では、粟裕《ぞくゆう》将軍率いる共産党軍が、国民党軍を打ち負かした。鄧小平は総前線委員会の書記として、この戦役を指揮したが、その指導力については賛否の両論がある。**

## 中国革命に参加
### ——そのあと鄧小平は、共産党員として、しっかり頑張っていった。

*1　井崗山……江西省西部の山。一九二七年、毛沢東が最初の農村革命根拠地を築いた。中心地は瑞金。
*2　遵義会議……長征途中の中国共産党が貴州省遵義で開いた拡大政治局会議。
*3　国共合作……国民党と共産党の提携。第二次（一九三七—一九四五）は、抗日戦争のためになされた。
*4　八路軍……抗日戦争中、華北にあった中国共産党の軍隊。華中・華南には新四軍があった。のちの、人民解放軍。
*5　劉伯承……中国の軍人（一八九二—一九八六）。紅軍参謀総長として長征に参加。
*6　淮海戦役……一九四八年から翌年にかけ、共産党軍が、徐州の国民党軍を破った戦い。

最初は上海にいて、そのあと広西で、しばらく武装闘争に従事していますね。

**ヴォーゲル**　そうです。

——その間彼は、だんだんとベトナムとの国境の田舎のほうに追いやられている。広西では、そのころの共産党の方針で、根拠地をつくって武装蜂起を成功させようと、いろいろ努力したけれど、結局失敗してしまう。

**ヴォーゲル**　そうですね。

——そのときに、彼は、軍隊とはぐれてしまって、そのまま上海に戻ってきたというので、自己批判[*1]していますね？

**ヴォーゲル**　自己批判したはずですね。ボクは記録はみていなかったんだけれど、広西ではうまくできなかったし、自分の部隊から離れて、自分一人で上海に戻ってきたというのだから、まあ批判されるはずですね。

——それは、どれぐらいまずいことなんでしょう？

**ヴォーゲル**　当時は、少し、まずかったんですね。上海に戻ってから、共産党の上層部で問題にされた。鄧小平は、紅七軍の指導者が上海への報告のため自分が隊を離れることに同意したと主張しましたが、同時に、部隊がまだ苦しんでいるのに離れたのは政治的に間違っていたと自己批判もしている。

文化大革命のとき、広西で「逃亡」したという、批判を受けました。文革であとから批判されたということは、その前に、事件の当時にも、批判されていたはずです。

——この時代、「個人档案《こじんとうあん》」(個人履歴書の制度)はもう、始まっていましたか。鄧小平がなにか間違ったことをすると、それが書かれてしまって、上級の党員はそれを見ることができた？

**ヴォーゲル**　ボクが知っている限り、当時、記録は、それほど整っていなかった。混乱していましたね。

延安[*2]時代から、資料はずいぶん整って、各党員の履歴とか、細かいところまで書かれるようになるんですが、それ以前は、党員個人の情報はあまり記録されていません。

## 「毛沢東派」として批判される

——そのあと大事なのは、鄧小平が、「毛沢東派」とされ、失脚してしまうことです。

＊1　自己批判……自分の言動の誤りを自分で批判すること。共産党の運動の一環として自己批判を求められることがある。

＊2　延安……一九三五年、陝西省北部に置かれた共産党の根拠地。

三八年の一月に、瑞金[*1]に行っていますね。そのころスパイ事件がいろいろあったのを、鄧小平は調査して、冤罪を明らかにしたりした。そのあと近くの、瑞金県の仕事をしたのですが、党中央から批判されて、失脚してしまう。

**ヴォーゲル**　そうですね。毛沢東の弟[*2]らと一緒に、活動をしていたのです。ですから鄧小平は、毛沢東を支持したというふうに批判された。

——毛沢東の弟と一緒にいたから、「毛沢東派」なんですか。

**ヴォーゲル**　いや、協力したのです。上海の共産党の中央委員会と、少し違った見方もあったはずですけれども……。

当時、国民党と決裂したあと、共産党の中にはいろんな噂や心配があって、誰が国民党のスパイか、誰が信頼できるかという、むずかしい組織問題が起こったのです。共産党の内部で、大勢が批判され、殺されたひとも多かった。スパイなら、大変だというので。あいつは誰とつながりがある、誰と話し合った、だからスパイだと、誰かが訴える。あらゆる面で、ひどい時代だったのです。

——それは、想像するだけでもなかなか大変だと思うんですけれど、鄧小平はそういうなかを潜《くぐ》りぬけて、問題を正しく処理しようと努力した。でもそのあと、毛沢東派だと言われた。

**ヴォーゲル**　そうです。

――これは、国民党だと言われるのとは、違いますよねえ。

**ヴォーゲル**　国民党とは二七年からあとは離れた。けれど鄧小平は、毛沢東とは親しくなるんですね。延安に行くまで、毛沢東自身と、関係はそれほど密接ではなかったんですが、延安に行ってから、ぐんと親しくなった。

## 革命の根拠地

――鄧小平は、根拠地をつくろうとして、失敗した。毛沢東は、根拠地をつくろうとして、成功した。そこで、強い尊敬の念が生まれ、中国共産党はこの毛沢東のやり方（都市ではなくまず農村で革命を起こすやり方）でなければいけないという、確信が芽生えたのでしょうか？

**ヴォーゲル**　それはボクの解釈ですね。ほかの本にそういう解釈はなかったんですけれども、やはり鄧小平が、毛沢東をより尊敬したためであろうと。都市をすぐさま攻撃してい

＊1　瑞金……49ページ＊1を参照。
＊2　毛沢東の弟……毛沢東は五人兄弟の三男で、弟は毛沢民と毛沢覃。

くべきだという（共産党中央の）戦略は無茶であると。鄧小平は共産党の中央委員会と違った意見をもつようになったのですが、そのことは記録が残っている。毛沢東を尊敬したからだ、というのはボクの解釈なんです。広西で失敗して、根拠地をつくるのがどんなに大変か、身にしみている。やはり毛沢東の成功は、見事なものだなあ、と感嘆していた。

——そこが、中国共産党の原点になると思うんです。

同じころ、日本共産党[*1]も、モスクワのコミンテルンの指示で、都市の蜂起や武装闘争をしようと思っては失敗し、また失敗し、日本の共産党員はひどい目にあっています。

**ヴォーゲル**　ああ、そうなんですか。日本の国内で？

——はい、日本国内で。日本共産党はコミンテルンの指示に従おうとするんですが、その指示がしょっちゅう、変わるんです。あるときは、すぐ武装蜂起を。あるときは、社会大衆党と共同戦線を。かと思うと、社会大衆党を批判しろと、ふり回される。

中国共産党と日本共産党の違いは、毛沢東が根拠地づくりに成功した点です。

**ヴォーゲル**　なるほど。

——毛沢東は、コミンテルンの指示ではなくて、自分の直感で動いたんですよね。

**ヴォーゲル**　日本社会は、中国と違うのですね。日本では、農民が革命を起こすための基盤が、中国ほど強くなかった。

——日本は小作農が多くて、共産党が入っていけるはずだったんですけれど、ことごとく失敗しています。

**農民主体の革命**

——中国ではしかし、革命が成功した。

でも、マルクス主義の原則からすると、農民が革命の主体になるというのは、そうとう思い切った考え方です。ロシア革命では「労農同盟」[*2]までは唱えられたが、農民は脇役だった。農民が主役だとは、毛沢東が初めて考えたのか、どういう経緯でそういう考え方が出てきたのでしょうか。

**ヴォーゲル**　どういう経過かわかりませんが、それは一般的な考え方だと思いますね。

——中国の伝統からすれば、農民が革命の主役になるのは、ごく自然ではあるのですけれど。

＊1　日本共産党……一九二二年、コミンテルン日本支部として創設。治安維持法のもと、弾圧されて解体し、戦後に再建。

＊2　労農同盟……革命のための、労働者階級と農民の同盟。

**ヴォーゲル**　歴史的には、さまざまな宗教が、農民運動を組織してきた。でも共産党は、近代的な、新しいやり方ですね。組織の目的、思想、考え方が違う。

## 「毛沢東派」として

——なるほど。鄧小平は「毛沢東派」と言われても、自己批判はしなかった？

**ヴォーゲル**　多少、したはずですね。記録は残ってないと思いますけれど。

——そうですか。毛沢東が正しいと思いながらも、自己批判しないと身が危ないですから、自己批判はするとして……。

**ヴォーゲル**　資料が足りないから想像で言うしかないが、当時、江西省の共産党のトップは、李富春[*1]だったのです。李富春は、フランスで、鄧小平の友だちだったのですね。一緒に学んだ仲である。ですから、たぶん、個人的に助けてもらったんだろうと思います。鄧小平は、李富春の下で働くようになります。

——この時期、毛沢東は、共産党の全体をコントロールする立場には、まだないですよね。

**ヴォーゲル**　まだない。

当時、毛沢東がかばったとは、ボクは思わないんですね。記録もない。ともかく李富春のところに行って、江西省の共産党の組織で再び働けるようにしてもらった。
――でも、私の想像ですが、毛沢東は当然、その噂を耳にすると思うんです。そして鄧小平という男は、自分のために体を張ってがんばっている、と理解したんではないでしょうか。

**その他大勢**

**ヴォーゲル** ただねえ、瑞金の第一回中華ソヴィエト代表大会[*2]が開かれたときは、鄧小平は大した存在ではなかったんですね。ですから毛沢東は、このころ彼と、あまり密接な関係はなかった。鄧小平をそれほど大事にしていなかったのです。
あとになって、あるひとが、毛沢東と鄧小平はその時代は一緒だったと、書いています。ボクはそれは、ちょっと怪しいと。資料は足りないし。もしもそれほど彼が大事に思われているなら、瑞金で開いたのは六〇〇人ぐらいの会議なのに、どうして鄧小平が参加

＊1　李富春……中国の政治指導者（一九〇〇―一九七五）。一九三一年、江西省党委員会書記。解放後は、一九五四年に副首相などをつとめる。
＊2　第一回中華ソヴィエト大会……一九三一年一一月、中国共産党が中国各地のソヴィエト代表を集めて開いた大会。

者のうちに入らなかったのか。大事な人物ではなかったということなんです。

——ずーっと下のほうだったんですね。

**ヴォーゲル**　そう、ずーっと下のほう。

——それからだんだん、鄧小平は上に昇っていくわけです。

## 黄埔軍官学校

——ここで、人民解放軍*1の前身である「紅軍《こうぐん》」というものと、中国共産党の関係について、日本の読者のためにお聞きしたい。

人民解放軍というものは、日本人にとって非常にわかりにくいのです、人民解放軍は通常の政府の軍隊のようで、だけど「党の軍隊」なのだという。

それで私が思うのに、はじめ、中国共産党と紅軍とは、独立していて、朱徳《しゅとく》*2とか、賀龍《がりゅう》*3とか、そういう農民軍の将軍たちが、毛沢東の根拠地づくりみたいなことをしていた。毛沢東はそれが順調なのを見て、そこに合流していった。こういう理解でよいですか？

**ヴォーゲル**　ボクは、詳しいことは十分に研究してないけれども、黄埔《こうほ》軍官学校*4が源流だと思う。（第一次国共合作の）孫文の時代に、黄埔軍官学校という、軍人学校をつくったんです。国全体のための、新しい軍隊をつくろうと。それは、新しい考えだった。それまでは、地方の人びとが自分で軍隊をつくった、軍閥だったのですね。

——なるほど。

**ヴォーゲル**　その黄埔軍官学校には、周恩来もいたし、葉剣英《ようけんえい》*5もいた。ですから、中共の軍隊の指導者は、その時代から育っているのです。

——なるほど。

**ヴォーゲル**　軍隊として何を目指すのかは、だいたい黄埔軍官学校の時代に骨格が固まっています。

毛沢東は農民運動をやって、同じ広東省に行ったんですね。黄埔軍官学校との直接の関係はなかったが、革命の主体は農民であると直感した。それまでのマルクス主義の理論に

＊1　人民解放軍……中国共産党の指揮下にある軍隊。一九四七年からこの名称を使用。
＊2　朱徳……中国の革命家、軍人（一八八六―一九七六）。南昌蜂起を指揮、井崗山で毛沢東に合流、国共内戦では人民解放軍総司令をつとめる。
＊3　賀龍……中国の革命家、軍人（一八九六―一九六九）。
＊4　黄埔軍官学校……一九二四年に広州の黄埔で開校した国民党の陸軍軍官学校。
＊5　葉剣英……中国の革命家、軍人（一八九七―一九八六）。八路軍参謀長、人民解放軍総参謀長などをつとめる。

とらわれず、農民が武装する軍隊をつくらなければだめだと。それを、革命の理想と軍事技術を兼ね備えたリーダーが、指導する。国のための思想をもって、新しい技術も勉強して、と考えたのは、国民党も共産党も、同じなのです。

――国民党も共産党も、その点では同じだった？

**ヴォーゲル**　どういう軍隊をつくろうという、目的は同じだったんですね。周恩来とか葉剣英とか、そういう人たちは、国民党と非常に親しい友だちだった。初期は、協力したんです。

――国民党ももちろん、革命をやろうとしていた。志は、共産党と共通していた？

**ヴォーゲル**　そうそう。

## 共産軍はどこが違う

――違いがあるとすれば、国民党は当然のことながら、共産主義ではないので、私有財産を尊重する。尊重せざるをえない。いっぽう共産党は、私有財産を否定しますよね。

**ヴォーゲル**　このことを研究しているひとは大勢いて、彼らによれば、共産党は、共産主義の思想をもち、農民運動をベースに、労働運動にも手を拡げている。だから、軍隊をつくるけれども、農民運動、労働運動と一致して進めようとする。

国民党のなかには、左寄りのグループと、右寄りのグループがあった。どちらかと言うと、左寄りが多かった。それが、一九二三年から二七年までのあいだに、国民党左派[*1]と、右派に分かれてしまった。ここが大事な分かれ目でした。

——共産党の軍隊が、当時中国にたくさんあった軍閥と違う点は、ただの軍人の組織ではなくて、軍人の組織のうえに、党というものがあるところだと思うんですね。

**ヴォーゲル**　国民党も、党があったんですけれども、共産党のほうが、組織が厳しいというか、うまくやっているという評判だったのです。

## 党と軍

——党と軍隊が二重になっているのは、ソ連のやり方を真似したものですか。

**ヴォーゲル**　そう。

——ですよね。中国独自のもの、ではないですよね。

**ヴォーゲル**　そうですねえ。党と軍隊。それはたぶん、ソ連から勉強したはずですね。

——中国の伝統は、文官（官僚）と、軍人。行政府も軍隊も、どちらも官僚制で、しか

＊1　国民党左派……共産党と協力し、軍閥に反対し、民族独立を掲げる国民党内のグループ。

も必ず、文官が軍人をコントロールする。どの王朝でも例外ありません。こういう伝統があるから、ソ連のやり方は、わかりやすかったんじゃないでしょうか。

**ヴォーゲル**　けれど、新しい組織と、新しい思想と、軍人の養成の仕方と、それらを密接に結びつけて、近代的な、革命のための軍隊をつくろうというのは、これまでにない新機軸だと思う。

――日本の共産党は、それがまるで下手で、できないんですね。官僚組織も小さいうえに、軍隊というものがない。

**ヴォーゲル**　アハハハ。

――中国はその点、非常にうまくやった。まず、根拠地というものから始めていくやり方を、すばらしくつくったなあ、と思いますね。

**ヴォーゲル**　なるほどね。

――これが、どういう条件によるのか。伝統的な条件によるのか、それとも、共産党の優れた指導のせいなのか。とても興味があります。

**ヴォーゲル**　なるほど。

日本は、軍隊が強くて、派閥が嫌いです。もともと日本は、武士が強い社会だった。明治維新を経て、それが近代的な軍隊に、うまく編成替えできた。徴兵や、軍人の養成も順調だった。中国はそういう、トレーニングや背景が、なかったと思う。

## 政治委員の役割

――鄧小平は、軍でも活動しています。党と軍の関係で言うと、軍人ですけれども、軍では「政治委員」[*1]の役割をずっと担っていた、と考えていいですか。

**ヴォーゲル**　はい。

ただ、当時は、軍のどのユニットでも、軍の指導者（指揮官）と政治の指導者（政治委員）がペアになっていた。戦うときは、軍人の指揮官がちょっと上。でも鄧小平は長年、軍人の指揮官と協力して、仕事をした。それを、一二年間やったので、だいぶ軍務にも詳しくなったんですね。彼は、士官学校で勉強しなかった、政治の指導者でした。それでも彼は頭の回転が速いから、劉伯承とずっと一緒に戦っているうちに、軍事のやり方とか、そういうこともよくわかったはずです。

――鄧小平は、軍人の経歴が一二年間ある、と表現してもいいですか。彼は、軍人なんでしょうか。

＊1　政治委員……軍を統制するため各部隊に派遣された共産党の党員。

**ヴォーゲル**　軍人ですね。ある外国人に、あなたの専門はなんですか、と聞かれて、兵隊です、と答えたぐらいです。

軍の経験は、鄧小平の指導者としてのスタイルに、大きく影響していると思います。上の人間がやれと言うと、下の人間がハイと従う。軍とはそういう組織です。その経験が、彼のあとあとの党や政府での仕事のやり方を、規定していると思うんです。

——なるほど。

## 毛沢東は、特別の存在

——毛沢東はさらにその上ですね。

毛沢東はあんまり軍人という感じがしないんですが、鄧小平と同じ意味で、毛沢東も軍人だと考えたほうがいいですか。

**ヴォーゲル**　毛沢東は、軍の戦略は、うまい男。

毛沢東は戦ったことはあまりないので、軍人には入らないのだが、軍人を指揮して、戦略を考え、どういう指揮官がどういう作戦の指揮をとる、どの将校が誰につく、などと決めるのが非常にうまい。ですから、「戦略を考える将軍」と言えばいいか。軍人ではなくて、将軍。そういうふうに、説明すればどうかな。

——なるほど。いずれにせよ、日本にはそういう立場のひとはいないと思う。

**ヴォーゲル**　アハハ。そうですね、ですから、毛沢東という存在を、どういうふうに説明したらよいものか。

# 第3章　国共内戦から新中国成立へ

毛沢東（右から2番目）らと談笑する鄧小平（いちばん右）©AFP＝時事

## 鄧小平という指導者

——さて、議論もだんだん深まったところで、鄧小平という人物について、全体的な評価をうかがいたいと思います。

鄧小平はとても、多面的なひとで、革命家としても軍人としても、政府の実務家としても、思想家としてさえ、とても有能だと思うのです。どういう点がとりわけ、鄧小平のすぐれた点でしょう。もし彼に、欠点みたいなものがあるとすれば、それはどこでしょう。印象をうかがいたいのです。

**ヴォーゲル**　いくつか、特に大事だと思う点がありますね。

ひとつは、長期的な視野。鄧小平は、長期的な歴史の流れを、よくわかっている。キャリアも長いですね。一九二〇年代にフランスに行って、それからロシア（ソ連）に行って、それから革命に参加して……。一二年間、軍隊でも過ごしている。地方で過ごしたあと、五二年に北京に出てから、めきめき頭角を現した。毛沢東、周恩来と親しい友だちで、国の全体の考え方を、よく勉強する機会があったわけです。

鄧小平が失脚して六九年から七三年まで過ごした江西では、ものを考える暇がたっぷりあった。もう一度、トップの指導者に返り咲いたときには、歴史の流れとか、長期的な中国の発展戦略とかを、非常に深く摑んでいた。

もうひとつ、行政官僚組織について熟知していた。地方では、西南局[*1]長を三年間。そのとき、どういうふうに指示すると行政がどういうふうに動くかということを、実地で学んだ。五六年から六六年までは、総書記を務め、全国の指導に責任をもった。どういうふうに全国を動かすか、その手腕を磨いた。そのふたつの経験が、行政面ではいちばん大事だと思う。

当時、中国は統一しておらず、ばらばらに分かれてしまっていたんですね。そういう状態で、どういうふうに国を動かすのか、彼は圧倒的に、すぐれているんです。

それから、記憶力は非常にいい。そういう才能もあったわけですね。

## 柔軟な長期ビジョン

――実務がとても有能であるということと、長期的なビジョンがあるということは、しばしば一致しないいんですけど、彼の場合にはそれが両方そなわっていた?

＊1　西南局……一九四九年に中華人民共和国が成立すると、共産党は全国を六つの行政局（東北、華北、西北、華南、中南、西南）に分けた。

**ヴォーゲル**　そうです。長期的なビジョンといっても、方向が示されるだけで、柔軟なのですね。状況が変わっても、鄧小平は反応できる。

――なるほど。

**ヴォーゲル**　非常に細かいカチッとした計画ではなくて、おおまかな方向を示すのです。それを達成するために、あらゆることを見て、どういうふうに反応したらいいか、動かしたらいいか、と臨機応変に対処していく。

――柔軟ではあります。けれど鄧小平は、同時に、とても意志が強いひとで、いちど決めたことはきっとやり遂げるという、強い力を感じるんです。

**ヴォーゲル**　おっしゃる通りですね。

それはそうですけれども、鄧小平は、やはり毛沢東の時代の間違ったところを、直したんですね、「われわれは誤った」と、はっきり言うわけではないんだが、でも実際には、七八年以降は、政策がかなり変わってきた。それでも、その政策に沿って国を動かすために、それまでの毛沢東の路線を続けるとか、方向が同じだとか、そういうふうに装って、これまでとどれほど違うかということを、あえて主張しなかったのです。そういうことができる指導者だった。

【新中国と鄧小平】

共産党は一九五二年まで、中国全体を六つの地区に分けて統治していた。鄧小平は、西南局の第一書記をつとめ、経済、交通、教育、医療など、一億人の人びとの生活全般に責任を負った。

一九五二年、鄧小平は中央に配置換えになり、副総理に任命された。一九六六年までこの地位にとどまった。一九五三年から一年間、財政部長もつとめた。五三年、高崗《こうこう》事件に際しては、陳雲《ちんうん》と共に、毛沢東を支持して重要な役割を果たした。一九五六年には、中央書記処総書記、中央政治局常務委員会メンバーにも選ばれ、党の日常業務を統括した。

一九五七年夏、毛沢東は反右派闘争を起こし、多くの知識人を弾圧した。鄧小平は反右派闘争を支持した。同年一一月、鄧小平は毛沢東に従って、モスクワを訪れた。鄧小平はスースロフ[*1]と激論を戦わせた。一九五八年には毛沢東が大躍進政策を指示し、全国は熱狂したが、経済は荒廃した。一九五九年の廬山《ろざん》会議では、これを批判した彭徳懐《ほうとくかい》[*2]が打倒され

＊1　スースロフ……ソ連共産党の理論家（一九〇二―一九八二）。一九四七年より党中央委員会書記。

＊2　彭徳懐……中国の軍人（一八九八―一九七四）。井崗山で紅軍を率い、朝鮮戦争では人民義勇軍の総司令をつとめる。

た。鄧小平は、大躍進政策を推進しつつも、疑問を抱くようになった。
一九六〇年から六一年にかけて、鄧小平は少しずつ裁量の幅を拡げ、工業や農業の分野で現実的な調整をはかるようになった。毛沢東はこれに不満だったが、鄧小平は中ソ論争ではソ連を相手に一歩も退かず、ひき続き毛沢東を満足させていたので、我慢していた。

**共産党の台頭**

――国共内戦が、日本の敗退とともに始まりますよね。最終的に、中国共産党が勝利して、国民党は負けてしまうんですけれども、これは、多くの人びとの予想を裏切る出来事だった。アメリカも計算違いをしたと思いますし、かなりのひとは共産党が勝つと思っていなかった。

どうして共産党は、勝ったのでしょう。

**ヴォーゲル**　中国に行った、アメリカの国務省の人びとのなかには、将来、中国共産党は強くなると思ったひともいましたよ。

――ああ、そうですか。

**ヴォーゲル**　第二次世界大戦中、重慶[*1]にいた国務省の人びとは、国民党は失敗が多くて、腐敗もひどいという印象をもった。延安に共産党を訪ねた人びとは、それに比べると共産党は規律があり士気が高いと評価した。将来は手ごわいと。中国共産党が勝つ、とまでは言わなかったけれども、国民党が脆弱《ぜいじゃく》で共産党が上り坂であることは、多少わかっていた。

内戦が始まったころは、国民党のほうが兵力も多かったし資金もあったけれども、将来どちらが勝つか、不透明ではあった。中国研究の専門家たちは、だから、それほど驚いてはいなかったと思うんですね。

**アメリカの見込み違い**

――それにしてもアメリカは、もうちょっと先のほうまで読んでおいたほうが、よかったんじゃないでしょうか。

アメリカは、日本を負かすために戦争したのでしょう。日本が負けたら、東アジアに大きな権力の空白が生じるじゃないですか。それをどうするか、あんまり先のほうまで考えていなかったと思うのです。たとえば、朝鮮半島。朝鮮半島の北半分に、ソ連が入ってくることを、容認してしまった。満洲はさいわいにして、ソ連にならなかったけれども、少

＊1　重慶……四川省にある大都市。抗日戦当時、国民党政府は首都を置いた。

し危険があった。

そして、中国。共産党のほうがしっかりしていたのはわかりますけれど、あんなに大きな、中国大陸の全体が社会主義政権になってしまったら、対ソ連という点ひとつを考えても、アメリカにとっては大変都合が悪かったんではないですか。

**ヴォーゲル**　まず、戦争直後には、アメリカは、共産党と国民党が統一すべきだと考えていた。だから、ジョージ・マーシャル将軍[*1]を派遣して、停戦を仲介したけれど、成功しませんでした。それがアメリカ人の考え方だった。中国の専門家も含めて、アメリカ政府の考え方は、統一すべき、だったのですね。さらに違った意見のひとは、中国に民主主義の国をつくったらいいと考えた。でも、中国政府のトップにはまだ蔣介石がいて、軍の指導者、国民の指導者でもある。だから、アメリカが政府として連絡する場合は、彼と連絡する。それがだいたい戦争直後の状況だった。
四六、七年、冷戦が始まるころには、われわれは共産党に反対し、国民党に協力した。蔣介石は第二次世界大戦当時、腐敗問題を起こしていて、専門家はすでに彼に批判的だったのです。けれども一国の政府だから、われわれにはしようがない。われわれは中国の政府と協力すべきである、共産党はダメである、となった。

## 国共内戦の見通し

**ヴォーゲル**　当時、どちらが勝つかについて、いろいろな意見があったわけですけれど、アメリカにとってソ連が敵になったあと、やっぱり中国共産党も敵になってしまった。中国専門家は、国民党が必ず勝つかどうか、心配していました。でも、蔣介石とはまだ外交関係を持っていたから、政府と協力するより仕方がなかった。

――国民党と共産党が一緒になって、民主的な中国をつくって下さい、なんてすごく甘い考えじゃないですか？

**ヴォーゲル**　ハッハッハ。いま考えて、結果からみて、甘い。その二つの党は、あまりに関係が悪かったので、統一するのはちょっと無理だったんですけれども……。

――国民党と共産党の関係が悪い以前に、共産主義というものを、あんまりよくわかってなかったんじゃないですか、アメリカは？

**ヴォーゲル**　うーん。

もちろん共産主義を研究するひとは、非常に少なかったんですけれども、ソ連と東ヨー

＊1　ジョージ・マーシャル将軍……アメリカの軍人、政治家（一八八〇―一九五九）。第二次世界大戦では陸軍参謀総長、戦後は国務長官をつとめる。

ロッパを研究したアメリカ人は、やっぱり共産党はダメだと思っていました。左翼のひとも少しはいて、共産党に同情的でしたけれど、九九パーセントぐらいの人びとは、共産主義はダメだと思うようになった。これは、四八、九年ごろから顕著になった。

## 共産中国と日米関係

――中国共産党によって中国大陸が統一されてしまったことは、アメリカにとって大変にショックで、世界戦略の練り直しの必要がありましたか？

**ヴォーゲル**　それはやっぱり、当時としてはしようがない。間違っていたかもしれないけれども、しようがない。「Who Lost China?」、誰が間違ったのか、と犯人探しの声が起こった。中国は、前はアメリカの友だちだったけれども、いまはダメだ。どうしてダメ？誰の責任だ？　だいたいそういう論調が多かった。

――日本にとっては幸運だったかもしれませんね。

**ヴォーゲル**　ん？　なぜ？

――もしも、国民党が腐敗を克服して、立派な国民党になって、民主的な中国を一九四九年あたりに樹立した場合、中国はアメリカの大事なパートナーになって、ソ連と対抗するための最前線基地になります。だったら、日本を大事にする理由は、あまりなくなっていたかもしれませんね。……という考えはどうですか？

**ヴォーゲル**　ハハハ。

それはアメリカは、別にそんなふうにはならないと思うんですね。われわれが考えたのは、われわれは中国には、第二次世界大戦で援助をしたし、友だちだった。でも、内戦が始まってから、とくに中国共産党とソ連共産党がいい関係をつくってからは、もう、敵になってしまった。しょうがない、と。

## ソ連の助太刀

——ソ連は、どれぐらい本気で、中国共産党を助けたんでしょうね、国共内戦で。

**ヴォーゲル**　多少、助けたんですね。だけど、特に東北地方（旧満洲）では、ソ連と国民党の関係は四九年まで、保たれていたんです。ですから内戦で、ソ連が中国共産党を助けるやり方は、ちょっと間接的だった。やっぱりあまり直接的には、やりにくかった。国民党は、ソ連との関係はやはりそれほど、悪くなかったんです。ソ連の立場からは、多少国民党と協力してもいい。ちょっとむずかしかったのです。ソ連と中国の関係は。

——じゃあ、直接の介入はしなかったということですか？

**ヴォーゲル**　直接……まあ、こっそり、ね。

――こっそり資金とか、武器とか、提供した？

**ヴォーゲル**　東北で、内戦が始まったころ、共産党が有利になるように、武器を援助したりとか、多少あったんですね。でも、アメリカの手前、中国共産党を援助したということを、それほどおおっぴらに言えなかった。

――そうすると、共産党が勝ったのは、国民党がまずくて自滅したという要因と、共産党ががんばったという要因と、両方ですか？

**ヴォーゲル**　まあ共産党ですね。共産党は、農民の支持を、国民党よりも多く集めた。われわれは農民のために戦う、と宣伝した。農民の子どもは、じゃあ共産党の軍隊に入ろうかと。若者を補充し、軍人を養成するのに、共産党は、農民のためという宣伝をうまくやったと言えると思うな。

## 内戦で昇進した鄧小平

――そんななかでの、鄧小平の役割をうかがいたいのです。

瑞金の時代に、共産党のトップの六〇〇〇人にも入っていなかった鄧小平が、国共内戦ではめきめき、大きな役割を果たすようになります。鄧小平は、毛沢東や党中央に、認められるようなすばらしい働きをして、一歩一歩階段を上がって行ったんでしょうか。

**ヴォーゲル**　延安時代に毛沢東とつながりができて、まあ、気に入られた。
　鄧小平は、毛沢東がして欲しいことに、すぐに十分にこたえたんですね。たとえば、第二次大戦の直後、内戦のときに、毛沢東は、延安の近くで国民党が攻勢に出ていると心配した。国民党の掃討戦から、われわれを守ろう。鄧小平に対して、早く部隊を転進させて、守備側に加わるように指示した。そうしたら、鄧小平は、すみやかに命令通りにしたんです。毛沢東の指示を聞いて、積極的に。それからどんどん、彼の地位が上がって行った。

——中国の官僚制では、上司、とくにトップに忠実で、トップの言う通りにすれば、昇進します。そこで、誰もが昇進したくて、忠誠競争が起きると思うんです。そういうなかでも鄧小平は、際立っていた？

**ヴォーゲル**　鄧小平はね、第二次世界大戦のときに、太行《タイハン》山脈[*1]で、かなり成功した。ゲリラ活動をうまくやった。そういう実績をみせたので、毛沢東はやっぱり、頼りにできる男だと思ったんですね。
　鄧小平はずっと、軍事だけではなく思想をもって、毛沢東を強く支持した。毛沢東との

＊1　太行山脈……河北省北西部から山西省南部・河南省北部に至る山脈。

関係は、延安では非常によかった。それからやっぱり内戦のとき、毛沢東が、作戦の構想を明らかにするたびに、鄧小平はその意を受けて、すぐに部隊を率いて行動に移した。こういう点が、毛沢東に評価された。

**毛沢東の人事**

――なるほど。毛沢東について見ていると、毛沢東という人は、人事の天才だという気がするんですが。有能なひとを使いこなすのが、実にうまい。

**ヴォーゲル**　でもたしかに、四人組[*1]とか、失敗もあったんですけれどもね。

――目があるけれども、非常に優秀なひとを集めた。目があったんですね。周恩来、鄧小平……。それから秘書も、非常に優秀なひとをピックアップしたんですね。

**ヴォーゲル**　そうそう。

――目があるけれども、同時にとても、疑り深いですね。それに、自分を裏切った、自分に忠実でなかった、みたいなことを、ずっと覚えてますよね。

**ヴォーゲル**　そうそう。

――それは、下の人にしてみると、鄧小平にとっても、非常に怖いことですかね。

**ヴォーゲル**　怖いと思いますね。嫌われる人間は、危ない。だいたい四二年の「整風運動」[*2]以来、毛沢東は怖い、とわかった。毛沢東は、自分に敵対する可能性のある古参幹部やその側近を、いくつかのグループに分けて相互に批判させ、拷問を加えて、多くを死に追いやったのです。

### 第二野戦軍

――国共内戦の時期、鄧小平は劉伯承[＊3]司令と一緒に、軍をつくって、ずっと活動していた、あとでそれが、第二野戦軍[＊4]と呼ばれるようになった。ほかに、第三野戦軍があって、こちらのほうが大きかった。

この野戦軍というグループは、のちに人民解放軍になっても、ずっと残っていったと思

＊1　四人組……中国語で「四人幇《スーレンバン》」。江青、王洪文、張春橋、姚文元の四人。逮捕されたとき四人とも党中央の政治局委員だった。

＊2　整風運動……一九四二年、毛沢東が、党内の作風を改めることを指示した運動。学風、党風、文風の三風を整頓する。多くの党員が粛清された。

＊3　劉伯承……49ページ＊5を参照。

＊4　第二野戦軍……国共内戦時の共産党軍の、方面軍のひとつ。劉伯承が司令員を、鄧小平が政治委員をつとめたので、劉鄧軍とも呼ばれる。

います。たしか林彪《りんぴょう》*1が……

**ヴォーゲル**　第四野戦軍。彭徳懐は第一、鄧小平は第二。第三は上海のグループですね。陳毅《ちんき》*2など。第四は、林彪。

中国共産党は派閥に対して、とても厳しい。ちょっと派閥みたいなものができれば、すぐ叩かれる。だけど軍隊の仲間に、気持ちが動くのは仕方がない。鄧小平はその何年かずっと、第二野戦軍にいて、「老同志《ラオドンジー》!」と言い合う間柄になった。でも、派閥ではないんですね。

――派閥が大変、危険だというのは、よくわかります。

**ヴォーゲル**　たとえば、林彪が亡くなったあと、どうして葉剣英がかなりうまく軍をまとめられたかというと、同じ第四野戦軍に参加していたからですね。林彪と親しかった軍人たちは、葉剣英とも昔から一緒だったんですね。というわけで、林彪の穴を埋めて軍の統一をはかるのに、葉剣英の働きがとても大きかったのです。

――なるほど。それは頼りになりますね。

**淮海会戦**

――というわけで、国共内戦の決戦のひとつである、淮海会戦*3ですが、一九四八年一一月から一九四九年一月までの時期ですね。これは大きな戦争で、そのときに鄧小平は、第二野戦軍と第三野戦軍が合体した五〇万人の部隊の、前線司令部の書記になって、大きな責任を持ったのですね。

**ヴォーゲル**　ただね、この会戦について、中国の内部で議論があるんですね。

粟裕[*4]という司令が、その淮海の会戦に際して、軍をうまく指揮した。鄧小平は、それほど功績がなかった。実際に淮海の英雄はと言えば、それは粟裕だと思うひとが多いんですね。ただ、いちばん最後に大事な、部隊を統一的に運用するのは、鄧小平の責任だった。とはいえ、淮海会戦のいちばん大事な役割は、だいたい軍隊のなかでは、鄧小平ではなくて、粟裕であると。鄧小平はどっちかと言うと、最初すこし、まずかったかもしれない。

＊1　林彪……中国の軍人、政治指導者（一九〇九―一九七一）。毛沢東の「親密な戦友」として後継者に選ばれるが、クーデターを企て失敗したとされる。

＊2　陳毅……中国の軍人、政治指導者（一九〇一―一九七二）。抗日戦争では新四軍を率い、解放後は上海市長、外交部長などをつとめる。

＊3　淮海会戦……淮海戦役ともいう。49ページ＊6を参照。

＊4　粟裕……中国の軍人（一九〇七―一九八四）。国共内戦時の主要な戦いを指揮し、解放後は、総参謀長などをつとめる。

こういう議論があるのです。

――じゃあ、淮海の英雄というのは、鄧小平の昇進のためにつくられた、「お話」ですか？

**ヴォーゲル**　鄧小平が、前線の指導者だったこと。これは、事実。歴史です。ただ、どういう役割だったか、誰が英雄かとなると、評価の問題になる。鄧小平が指導部に入ってから、歴史を書くひともいるのです。

**中ソ論争で**

――日本で昔、「ソールズベリー*1の中国」というＮＨＫの特集ＴＶ番組が放映されました。天安門事件の直後のことです。それをみると、鄧小平のことも紹介され、中ソ論争のさなか、毛沢東がソ連を訪問したとき随行した。その鄧小平を指して、「この男は小柄だが、国民党の大軍をやっつけた偉い男なんだ」と、毛沢東がソ連の指導部に自慢したのだと、ナレーションが入っていました。

毛沢東自身がそう言っているのなら、それを、みな信じていたんですね。

**ヴォーゲル**　鄧小平は一九五七年にモスクワに行った。毛沢東と鄧小平は一緒だった。当時、後継者は誰かというと、たぶん劉少奇ではなくて、鄧小平だろうと。だからその話は、ソールズベリーだけではなく、専門家はだいたい、毛沢東がそれを意識していた、と見たのです。それで毛沢東は、将来のある男だ、と言ったのではないか。歴史がどうのというより、優秀で将来のある男だ、と伝えたのです。

——なるほど。わかりました。

**政府での重責**

——軍の話はそこまでにして、政府での仕事についてうかがいます。

新政府が成立してから、鄧小平はすぐ、一九五二年に副総理という立場に就きますね。六六年まで。

**ヴォーゲル**　建国初期、中国には、六大行政局というものがあって、鄧小平は、西南局の書記長をしていた。そのあと五二年までに、各行政区の指導者は、北京に移った。国の行政を統一する必要があったんですね。

＊1　ソールズベリー……Harrison E. Salisbury 1908-1993 アメリカのジャーナリスト。ソ連や中国の報道を得意とする。

そこでいちばんのトップを務めたのが、やっぱり、高崗[*1]ですね。ですけれども、六大行政局のなかでいちばんうまくやったのは、毛沢東の目からみると、鄧小平だった。ほかにも有能な人びとが北京に集められて、五二年から、中央の要職についた。書記処の秘書長のような役職で、毛沢東の信頼が厚かった。鄧小平は経済実務畑を歩んだ。行政の手腕があり、ものを動かすのに非常に鋭い男だ。そういう評価を受けたのです。

——中国はとても、序列が厳しい社会ですよね。毛沢東が一番で、……というふうに、全部、順番がついている。この、五二年か五三年ごろの鄧小平は、上から何番目ぐらいだったんでしょう。

**ヴォーゲル**　そこまで上のほうには入っていなかった。五六年ごろからはだいたい、上から五、六人のなかに入っていた。その前は、何番とはっきりしなかったんですが、だいたいいまあ一〇番ぐらいかなあ。

**陳雲がライバル**

——でも仮に、一〇番だとしても、鄧小平の年齢を考えれば、同年代のなかでは一番じゃないですか。

**ヴォーゲル**　いやいや、陳雲[*2]のほうが一歳年下です。もっと若い。

陳雲は、彼の履歴（中国の言い方では、資格）としては、中央委員会に鄧小平よりも早く入った。それから経済の面で、五〇年代に非常にうまく任務を果たした。ですから陳雲のほうが、同じ年代で一年下ですけれども、どっちかと言うと、地位が高いんです。

――それをあとで、追い越して行ったんでしょうか。中国の官僚システムは、いつもこんな感じですね。

**ヴォーゲル**　五〇年代から五八年ごろまで、ずっと陳雲のほうが上だったんですね。でも、五七年には、毛沢東と陳雲の関係は、溝ができた。毛沢東の目から見ると、陳雲はちょっと右寄り[*3]で……。

――慎重なひとですからね、陳雲は、経済運営で。

**ヴォーゲル**　慎重。それから、右寄り。

＊1　高崗……中国の軍人、政治指導者（一九〇五―一九五四）。東北軍区司令員をつとめる。解放後、権力闘争に敗れ服毒自殺。

＊2　陳雲……中国の政治指導者（一九〇五―一九九五）。長い党歴をもち、解放後は副総理などをつとめ、経済政策を担当した。

＊3　右寄り……中国で右寄りとは、右翼というよりも、左派や革命派ではなくて保守的、実務的という意味。

——毛沢東から見て、右。それは、危ない。

**ヴォーゲル**　右、という批判が実際に起こった。周恩来も、自分も危ないと思った。ですから、陳雲はしばらく、光が当たらなかった。

## 大躍進を支持する

**ヴォーゲル**　いっぽう、鄧小平は、批判されなかったし、五八年、大躍進*1が始まったころは、それを進める立場だった。陳雲のほうは、毛沢東にあまり信頼されなくなった代わりですね。

このあたりの歴史は、あまり細かいところまで、まだ書かれていません。たぶん鄧小平は、経済実務のいちばんトップになっていたはずですね。でも大躍進の話は、細かいところまで書くのはちょっと、さしさわりがあるのだと思うんです。

——さしさわりがある……。

**ヴォーゲル**　毛沢東は、鄧小平を認めていたんですね。ずうっと後で、大躍進が間違っていたという話になったときに、毛沢東は、われわれも責任がある、と言った。大躍進の始めのころ、鄧小平が反対しなかったということは、事実だと思う。

**財政の基礎も築く**

——大躍進の前、五三年に、鄧小平は財政部長[*2]になって、国家財政の運営も経験しているんですね。

**ヴォーゲル**　そうそう、それも大事な点だと思います。

あるひとは、鄧小平は、経済の感覚が全然なかった、とか言うんですね。そんなことはない。やっぱり、全国の財政の制度をつくるのは、とても大変なことですよ。経済だけではなくて、中央や地方の政府機関が関わる、全国的な財政のネットワークを築く。どの省がどれくらい払うか、それは政治的な意味あいも大きいでしょう。そういう政治制度のインフラを構築するうえで、彼は非常に大事な役割を果たした。

**高崗失脚**

——それから、先ほど名前の出た高崗というトップクラスの指導者が、失脚するという

＊1　大躍進……イギリスを追い越すことを目標に、毛沢東が一九五八年に発動した政策。鉄鋼増産や人民公社化をはかったが、数千万人の餓死者を出した。

＊2　財政部……日本の財務省に相当する官庁。鄧小平は一九五三年九月から五四年六月まで財政部長をつとめた。

事件がありますが、そのときに、鄧小平と陳雲は、大きな役割を果たしたんですね？

**ヴォーゲル**　そう。大きな役割を果たした。

ただ、そのときの党の機密資料はまだ、公表されていないんですね。そこで、細かいところではいろんな見方があるんですけれども、中国共産党がその資料をまだ出していないからわからない。

――その事件の本質は、どういうことなんですか。高崗と毛沢東とのあいだになにか、大きな矛盾があったのでしょうか。

**ヴォーゲル**　中国共産党の歴史に詳しい友人によると、だいたいのところは、こうです。毛沢東は、五二、三年のころ、劉少奇よりも高崗のほうがいいと思っていた。ですから劉少奇の代わりに、高崗に少し高い地位を与えた。そうしたら、彼があちこち行って、話し合ったんですね、上海の誰かや、別の誰かと。われわれは協力しましょう、と。たぶん劉少奇の追い落としの相談をね。それは、共産党が分裂する可能性さえあることでした。

そこで毛沢東は、高崗はちょっとやり過ぎた、と思った。高崗を支持すれば、共産党は割れてしまいます。困る。だから、支持しなかった。結局、劉少奇を支持した。

共産党のなかで、高崗の動きはやっぱり、問題がある。そういう報告を出したのが、陳雲と鄧小平です。その二人が、そういう動きをばらしてしまった。そういうことだったらしい。

——なるほど。その事件を通しても、鄧小平が、毛沢東と中国共産党に忠実であることが証明された?

**ヴォーゲル** さまざまな動きのなかで、共産党を守るためにどうしたらいいか、誰が頼りにできるか、が試された。毛沢東の目から見ると、鄧小平は頼りになる男だった。

**スターリン批判**

——つぎに鄧小平はモスクワに、五六年、五七年と出かけて行き、中ソ論争[*1]の当事者、立役者になるのですね。

**ヴォーゲル** 六三年までずっと、論争をやった。

——その中ソ論争なのですが、これがまた、きっと日本の読者にわかりにくいと思うんです。そこでしっかりうかがいたいんですが、そもそも私に言わせると、「中ソ論争」が起こること自体が、不思議と言えば不思議なんです。

＊1　中ソ論争……中国とソ連の両共産党の間で起こった論争。一九五六年のスターリン批判を機に、六二年ごろから公然化。

**ヴォーゲル**　ハハハ。

――まずその前提として、「スターリン批判」[*1]がありました。

**ヴォーゲル**　一九五六年に、ソ連共産党第一書記のフルシチョフ[*2]が、スターリン批判をしました。資質に問題があり、個人崇拝を奨励し、無実の罪で大勢の同志を粛清したと。

毛沢東の目から見ると、スターリン批判は許せなかった。当時、毛沢東は中国で、レーニン[*3]、スターリン[*4]に次ぐ存在だった。だからスターリンが批判されると、中国では、毛沢東はどうか、批判しなくていいのか、という話になってしまう。だから、ものすごく、気分がよくない。

この、歴史的なスターリン批判が行なわれたソ連の第二〇回党大会に、鄧小平が出席していたんですね。彼は間近でスターリン批判を体験し、共産党の組織が乱れ、党の魅力がなくなるのを見届けている。幹部はみな、スターリンと密接な関係があったのです。それなのにスターリンがあれだけひどく批判されると、つながりのある人びとは困ってしまう。鄧小平は、毛沢東と密接な関係があったわけで、もしも毛沢東批判に飛び火したら自分も困る立場だった。

そこで中国は、スターリン批判に「修正主義」[*5]というレッテルを貼って、封じ込めることにした。

## スターリン主義の問題点

――それはわかりましたが、でもスターリンにやはり、大きな問題があったのは、確かじゃないでしょうか。

ハンナ・アーレント[*6]の『全体主義の起原』を読むと、ナチズムとスターリニズムを並べ

＊1　スターリン批判……一九五六年、ソ連共産党大会でのフルシチョフの秘密報告に始まる、スターリンへの批判。個人崇拝、粛清、独裁政治などが批判された。

＊2　フルシチョフ……Хрущёв 1894–1971 ソ連の政治指導者。スターリンの死後、中央委員会第一書記となってスターリン批判を行なう。一九六四年失脚。

＊3　レーニン……Ленин 1870–1924 ロシアの革命家。一九一七年に十月革命を成功させ、共産党を率いて、ソヴィエト連邦の建設を指導した。

＊4　スターリン……Сталин 1879–1953 ソ連の政治指導者。レーニンの死後、ソ連共産党の最高指導者となる。

＊5　修正主義……マルクス主義の原則を外れているという批判の言葉。

＊6　ハンナ・アーレント……Hannah Arendt 1906–1975 ユダヤ系ドイツ人でアメリカに亡命した女性の政治学者。著書に『全体主義の起原』『人間の条件』など。

て「全体主義」とくくっています。そしてその問題点は、権力を維持するのに、秘密警察[*1]などの非合法な方法を使い、テロや収容所や暗殺やいろいろな暴力を使って、もう何千万という単位の人びとを苦しめていく。これは共産主義とは、本来なんの関係もないことで、革命でさえもない。こんな実態があるわけです。ですから、スターリンを批判するのは、共産主義としては当たり前のようにも思うんですけれど。

**ヴォーゲル**　でも国を統一するために、毛沢東もやっぱり、同じようなことをやったんですね。延安時代でも五〇年代でも、さまざまな共産党の人間が殺されたんです。権力の統一のために、共産党はそれが必要だった。ですから、スターリンは非常に悪かったと、わかっている中国人もかなりいましたけれど、国を統一するために、多少そういうやり方も必要だ、と思ったひともいたのです。

――たしかに中国のやり方は、ソ連のような秘密警察中心のやり方とは違って……

**ヴォーゲル**　中国に、秘密警察もあったんです。

## 中ソ論争の主役

――スターリン批判に反対して、中ソ論争を積極的に進めた鄧小平は、中国で毛沢東の地位を守らなければならない、共産党の権威を守らなければならない、統一と団結が必要だ、中国革命を進めなければならない、と確信していたんでしょうか。

**ヴォーゲル**　もちろん、そういう気持ちもあったんですね。

でも、イデオロギーの言葉を使って議論しているでしょう。実際のところは、いまおっしゃった意味だと言えると思うんですけれど、でも、そんなにはっきりした内容の話ではなかった。なんとか修正主義とか、本来の共産党の考え方ではないとか、いう言い方だったんです。

——ソ連はマルクス主義の、いちばん進んだ国ですから、その理論家はかなりレヴェルが高いわけです。それと互角に、鄧小平が議論したということは、いつの間にそんな、理論家としての力をつけたんでしょう?

**ヴォーゲル**　彼は一年間、ソ連に行っていたでしょう。

——はい。

**ヴォーゲル**　二六年から二七年にかけて。そこで、理論を勉強した。ソ連は、世界の共産党の指導者から、理論の専門家をつくろうとした。鄧小平はその、一年間の教育を受けた

＊1　秘密警察……組織や活動が秘密にされている警察組織。ナチスのゲシュタポ、ソ連のゲー・ペー・ウーなど。

わけですね。
鄧小平自身はそれほど、思想を大事だとは思わなかったんですね。政治や実務は、権力がなければ話にならないと考えるタイプでしたが、でも思想がわからないわけではない。ソ連に反対するときには、細かいところは、いろんな専門家が集まって準備した。彼は細かい理論について、それほど興味をもっているというわけじゃなかったが、ブレーンがいっぱいいたんですね。

——そういうチームを率いて、彼が最後の、スポークスマンになった。

**ヴォーゲル**　そうそう。彼はそのチームを指導したのです。

## 中ソ衝突

——中ソ論争の結果、中国とソ連の関係が険悪になってしまい、あとでは、戦争を覚悟しなきゃいけないところにまで行った。中国は核兵器も開発しますし、工業施設を内陸に分散[*1]させたり、すごいことになりました。

**ヴォーゲル**　そうです。

——この、中ソの対立がなければ、米中接近とか改革開放とかは、ありえなかったと思うんですね。

**ヴォーゲル**　まあ、あっても、たぶん非常に遅れていたと思います。

六九年三月に、中ソ国境の珍宝島《ちんぽうとう》*2で軍事衝突が起こったでしょう。軍事的緊張が高まった。そこで中国は、アメリカへの接近をはかることにした。ベトナム戦争*3にピリオドを打ちたいアメリカは、これに乗ったのです。

アメリカだけじゃなくて、中国は、カナダ、オーストラリアとも関係改善をはかった。

## 毛沢東の決断

――毛沢東が政治戦略家として、そう判断するのはまあわかるわけですが、「共産主義国と戦争になるかもしれないので、資本主義国と連携しよう」っていうのは、国際共産主義なのか。ただの中国ナショナリズムじゃないか、と思うんですけれども。

**ヴォーゲル**　ハハハハハ。

＊1　内陸に分散……毛沢東はソ連との戦争に備え、一九六四年、内陸部に軍需工場を移設するよう命じた（三線建設）。
＊2　珍宝島……中ソ国境のウスリー川にある中州。一九六九年に中ソ両軍が衝突した。
＊3　ベトナム戦争……南ベトナム解放民族戦線のゲリラ活動に対して、一九六二年ごろからアメリカが軍事介入を拡大。六四年からは北ベトナムへの爆撃を開始し、七三年に撤退した。

もちろんその、どちらが強いかと言えば、ナショナリズムが強い。だけど中国には、彼らなりの言い方もあるんですね。まあ、思想が違うとか、われわれこそ本当のマルクス主義者なのであるとか。そういう言い方をしたけれど、もちろんナショナリズムだったんですね。

——しかし毛沢東が、アメリカと手を結んでもいいんだ、と判断してくれていたおかげで、鄧小平はそのあと、すごく動きやすくなったと思います。

**ヴォーゲル**　それは絶対、そう。毛沢東がアメリカとの関係を開いていなかったら、大変だった。

——毛沢東がそう言ったから、誰も反対できなかった。もしも……、もしも毛沢東がそう言わなかったら、毛沢東のあとにそれを言ったひとは必ず、失脚してしまいます。

**ヴォーゲル**　それはそう。おっしゃる通り。

ただ中国は、もともとソ連と距離を置いていた。周恩来とか、毛沢東とか、五〇年代の中国は、もう少し、第三世界や非同盟諸国[*1]とのいい関係をつくりたかったんですね。それも、ソ連とちょっと違った考え方である。

——なるほど。

**ヴォーゲル**　少なくとも、五五年バンドンで開かれたアジア・アフリカ会議[*2]で、冷戦下、非同盟諸国は、新しい国際政治の秩序を模索した。中国もそれに加わった。それは、ソ連とちょっと違うんですね。

**反右派闘争**

――少し時間が戻ることになるかもしれませんが、反右派闘争[*3]というのがありました。五七年、百花斉放《ひゃっかせいほう》[*4]の直後のことです。このときにも、鄧小平は毛沢東を強く支持して、右派とされる知識人を攻撃していきます。このときには、まったく迷いはなかったんでしょうか。

**ヴォーゲル** 鄧小平が、頭で考えたことは、わかりませんけれども……

＊1 非同盟諸国……冷戦下、東西両陣営から距離を置こうとした国々。インド（ネルー首相）、インドネシア（スカルノ大統領）など。
＊2 アジア・アフリカ会議……一九五五年にインドネシアのバンドンで初めて開かれた会議。日本を含む二九ヵ国が参加し、平和十原則を決議した。
＊3 反右派闘争……一九五七年の、中国共産党に批判的な知識人を摘発する政治運動。
＊4 百花斉放……一九五七年の、さまざまな方面の人びとが自由に発言してよいとする、中国共産党のキャンペーン。

鄧小平がモスクワにいた二六年、彼はある論文を書いています。共産党は指導者が必要である。組織のため、下部の人間は上部に従うべきだ。そうでないと、共産党は機能しない。指導者がこうやりなさいと言えば、下の人間は服従する。軍隊なら、指揮官がこうやれと言えば、下の人間はハイ、かしこまりました。そういう態度が、共産党のために必要だ、というのが、鄧小平の考え方だったんですね。

——共産党はその組織原則をもっているし、伝統中国でも、官僚制は、下は上に忠実という原理でできていますから、中国の伝統的な考え方にも合致する。そう、私は思うんですが、その考え方の問題点は、もしもトップが間違えたら、どうしようもない、ということなんですけれども。

**ヴォーゲル**　中国の歴史でも、儒学を学んだ人びとには、指導者が間違ったとき、われわれは批判すべきだ、という発想もあったわけですね。

——はい。

**ヴォーゲル**　すべては指導者に従う、と決めた組織は、指導者が間違ったとすると、危ない。実際に、とても危ない。でも、原則を守るべきだ、となる。

中国の歴史は、もう少し複雑で、そんなに簡単ではなかった。明や清は、前の代の国家の指導者を殺して、新しく指導者に収まっているわけです。それを正当化する論理もある。けれども、基本は、おっしゃる通りだと思うんですね。

**大躍進**

——そして、毛沢東が大躍進という政策(一九五八年〜　)を発動します。先ほどのお話のように、陳雲はたいへん慎重で、そういうことは非現実的であると、よくわかっていた経済実務家だということでした。劉少奇や周恩来だって、それがわかって当然だったろうと思うんです。でも毛沢東が号令をかけると、周恩来や鄧小平を含めて、指導者の全員がそれに従って、一斉に動いていくっていう、数年があるわけなんですけれど……

**ヴォーゲル**　数年まではないな。数ヵ月。

——数ヵ月。

**ヴォーゲル**　だいたい五八年の一二月まで。一一月の六中全会[*1]で、いろいろな間違いが指摘された。批判があったのです。そのあと、五九年のはじめに、毛沢東は、第一線から身

＊1　六中全会……第八期六中全会(党中央委員会全体会議)。毛沢東は大躍進の失敗を認め、国家主席を辞任した。

をひいている。

ただ五九年夏に、廬山会議[*1]という党中央の重要会議があって、彭徳懐が毛沢東に手紙を書いたところ、逆に厳しく打倒される事件があった。これ以後、人びとは震え上がってなにも言えなくなり、毛沢東はまた完全に権力を握った。

――その時点でも鄧小平は、毛沢東が言うから正しい、というふうに思っていたんでしょうか。

**ヴォーゲル** それは、証明できないことですね。資料が完全ではないのですけれども、少なくとも、おおやけに批判しなかった。ですから、多少、支持したと言えるんですね。共産党内部で何を言ったか、われわれには資料がない。

たぶん鄧小平は、公然とは批判しなかったものの、大躍進のどこにどう問題があったとか、どういう手を打てばいいかとか、だいたい摑んでいたと思う。そして、毛沢東を批判しないという前提のもとで、実際に、実務的なことをできることから進めたはずだと、私は思うんですね。

## 深刻な被害

――当時の指導者のところには、大躍進政策の失敗についての情報が、集まってきたものなんでしょうか。それとも、報告がいい加減で、現地に行かないとなかなかわからなかったんでしょうか。

**ヴォーゲル**　多少、わかったと思うんですね。

ただ、わかりにくかった面もある。地方の幹部は、来年のコメの収量を決めるのに、積極的に、これぐらい作りましょうと言う。中央政府は、そうやって出来たはずのコメを取りにいく、という構図ですね。ですからその当時、状態はどこまでひどいか、まだよくわかっていなかったということがある。実情を報告したくても、報告できなかった地方幹部が、かなりいたはずです。指導者は、薄々でも状態をわかったと思いますから。もし人を地方に送って、細かく調べれば、問題があることがもっとわかったはずです。

——ある地方の問題ではなくて、中国のあそこでもここでも、ものすごい飢饉が起こって、大勢の死者が出ているわけだから、それはあるレヴェルの幹部だったならば、当然わかると思うんです。

**ヴォーゲル**　そうです。

＊1　廬山会議……江西省廬山で一九五九年に開かれた、中国共産党中央政治局拡大会議（七月二日—八月一日）と第八期八中全会（八月二日—八月一六日）の総称。

――その危機感は、鄧小平は、かなり早い段階で、五九年の段階で……

**ヴォーゲル**　わかったはずですけれども、鄧小平が毛沢東に反対したという資料はなにもない。

――じゃあ鄧小平は、わかってもなにもできない立場だった?

**ヴォーゲル**　と思いますね。

なにもできないかと言うと、少しはできたと思う。地方で具体的に、こう助けられるとか……。たとえば、当時、人民公社[*1]では、家族が自留地[*2]をもっていて、自分で作物をつくっている場合も多かったと思うんですね。もちろん、おおやけには認められないわけだが、それを見逃すわけですね。そういうことは、できる。

### 調整の時期

――そうすると、そのあと党の内部に、調整といいますか、大躍進はひと休みして、とりあえず対策をとらなければという動きが出てきた。毛沢東とのあいだに少し距離が、あるいはギクシャクが出てきたかと思うんですけれども。

**ヴォーゲル**　そう。

――そのとき鄧小平は、どういうふうに行動していたんですか。

**ヴォーゲル**　鄧小平はたとえば、人民公社のような大きな単位よりも、生産隊を単位とするというような改革を、少し進めた。大躍進から少しペースを落として、まあ馬から降りようと。一九六〇年一一月には周恩来が、「農村人民公社の当面の政策問題に関する緊急指示書簡」（略称・緊急指示書簡）をまとめて、生産隊の所有を残し、家族の自留地や副業を認めることとした。一九六一年二月には「農村人民公社工作条例（草案）」（略称・農業六十条）がまとめられ、人民公社の所有制や運営について全国統一の指針ができた。これまでの行き過ぎを改め、生産小隊を基本採算単位とする、などを定めた。工業についても、もう少し現実的に建設を進めることが指示されたのです。

毛沢東は、そういった調整路線に対して、ノーと言わなかったけれども、あまり喜んでいなかった。毛沢東も多少は自分で、状況がひどいとわかったので、少し譲ったとも言える。毛沢東が譲ったので、鄧小平は、かなり積極的に、そういう新しい実務的なやり方を支持した。

＊1　人民公社……生産組織と行政組織が合体した、ムラに当たる集団農業の基本単位。その下に、生産大隊、生産隊を擁する。

＊2　自留地……集団労働のあいまに各世帯が耕作し、収穫を自家用にすることのできる小区画の土地。

——よくわかりました。

毛沢東はおよそ一切、「反省」というものをしないひとなんでしょうか。

**ヴォーゲル**　頭のなかで、少しは反省しただろうとは思うんです。だけど、そういうふうに、おおやけに言わない。

——けっして反省しない。反省したとしても、反省したとは絶対に言わない？

**ヴォーゲル**　ただたとえば、だいぶあとになりますが（一九七二年）、陳毅の葬式のとき、彼はいい男だった、と。陳毅は、フランス留学から帰国して革命に参加、第三野戦軍の司令などをつとめ、新中国では外交部長ほか要職を歴任した人気の高い指導者ですが、文革のあいだ残酷に攻撃された。

あれほど批判されたのは、毛沢東の意図に決まっているのだが、毛沢東は、四人組のせいだということにした。だけれど実際に、毛沢東の資料をみてみると、この件は間違ったと思っていたようなのです。間接的に、自分は間違ったという態度をみせる。でも、おおやけには四人組が悪いとする。そういう意味で、陳毅はいい男だなあ、と言ったんですね。

——ややこしいひとですねえ。

しかし毛沢東は、この時期が、いちばん危うかったんじゃないですか。自分の権威が揺らいでいる。毛沢東の責任だということは、誰の目にも明らかですから。

**秘かな抵抗**

**ヴォーゲル**　彭徳懐の批判は、痛いところを突いていた。だからこそいち早く、毛沢東は彼に対して反撃したんですね。みなは恐れて、彭徳懐を批判した。

――でも、彭徳懐が見せしめにあってしまって、誰もう毛沢東を批判できなくなりました。

**ヴォーゲル**　ですから、おおやけには何も言わない。

鄧小平は当時ですね、転んで足を怪我したからと言って、彭徳懐を批判する会議に、参加しなかった。

――それは仮病、ということですか？

**ヴォーゲル**　それがわからない。実際に彼は、足に問題もあった。医者も、診断書を書いている。そういう資料があるんですが、どうして医者がそういうふうに書いたか、疑問に思う余地があると、私は個人的に思うんですね。

――そういうかたちでの、抵抗というか。

**ヴォーゲル**　結局、もしも彼が参加したら、彭徳懐を批判しなければならなかった。第二次世界大戦では、彼は彭徳懐の下で、非常に親しい関係にあった。彭徳懐は悪くないし、国の政策として、彭徳懐がやりたかったことは正しいとわかっていた。当時、毛沢東は、この会議を開いて、どうしても彭徳懐を批判するつもりでした。鄧小平はそれがわかったはずです。そういう状態のなかで、足を怪我して、会議へ行くことができないと。ですから、疑問の余地があるんじゃないか。

——そんなにみえみえだったら、毛沢東が怒るんじゃないですか。

**ヴォーゲル**　だから病気、なんです。ひどい病気だと、医者が報告を出す。多少怒るけれど、鄧小平はその点をうまくやった。

——なるほど。

# 第4章　文化大革命

天安門広場には多くの紅衛兵や女子学生が集まった ©時事通信フォト

## 【文化大革命と鄧小平】

一九六四年、フルシチョフが失脚すると、毛沢東は、「資本主義の道を歩む実権派（いわゆる走資派）」を批判するため、妻の江青を用い始め、一九六六年五月に文化大革命を発動した。毛沢東は紅衛兵に党幹部を攻撃させ、解放軍の林彪の支持をうけ、劉少奇と鄧小平を標的とした。劉少奇は軟禁され死亡する。鄧小平はすべての職を解かれたものの、一定の保護を受け、やがて江西に送られた。ほかにも多くの幹部が打倒された。

一九六九年、ソ連との軍事衝突が起こると、毛沢東は、高位の幹部を地方の農村に送る指示を出した。鄧小平は、江西の工場で働きながら、ゆっくり中国の将来を考える時間をもつことができた。中国とアメリカは、このころから外交関係の再開を考え始めた。キッシンジャーは七一年七月、パキスタンを経由して北京を電撃訪問、準備交渉をへて、七二年二月にはニクソン大統領の訪中が実現した。

文化大革命を通じて、毛沢東の後継者の地位を獲得した林彪は、やがて毛沢東との間に確執を生じ、一九七一年九月に逃亡をはかって飛行機に乗り、モンゴルで墜死した。毛沢東は次第に健康を害し、いよいよ後継者の心配をしなければならなくなった。毛沢東は一部の古参幹部の復活に同意し、彼らが大きな苦しみをなめて来たことに周恩来が触れると、林彪のせいだと責任をなすりつけた。

鄧小平は、一九七三年二月に、北京に呼び戻され、実務チームの一員として、党内会議に参加することを許された。そのあとすぐ副総理の地位を回復し、同年八月には中央委員会メンバー、一二月には政治局と中央軍事委員会のメンバーになった。七四年四月には、国連総会で、中国首脳として初めての演説を行なった。

毛沢東は、文化大革命の若手ホープ・王洪文《おうこうぶん》を後継者にできないかと考えた。いっぽう周恩来は、毛沢東の批判を受けるようになり、病気も重くなった。癌の手術のため、一九七四年六月に入院し、七六年一月に死去するまで、病室で過ごした。

毛沢東は七四年一〇月、鄧小平を、第一副総理に任命した（正式就任は七五年一月）。江青ら極左派は反撥した。極左派は、宣伝部門と、人民解放軍総政治部を握っていた。毛沢東の支持をえた鄧小平は、「三つの指示」を提起した。修正主義に反対し、安定と団結を促進し、国民生活を向上させる、である。そして、多くの古参幹部を復権させ、人民解放軍の人員を三年間で一六〇万人削減するとした。いっぽう、王洪文は、毛沢東の信頼を失っていった。

鄧小平は、一九七五年一月に、胡喬木《こきょうぼく》ら有能な政策ブレーンを集め作業グループをつくった（同年七月より、政治研究室。一二月に鄧小平が毛沢東の支持を失うと、この集団は

**機能を停止した）。同グループは国務院とともに、経済発展の長期計画「工業二〇条」をまとめ、鄧小平はそれにゴーサインを出した。鄧小平の指示を受けた胡耀邦《こようほう》は、中国科学院から革命宣伝隊を追い出し、中国社会科学院の設立にも道筋をつけた。**

**一九七五年秋には風向きが変わった。鄧小平の台頭を心配した毛沢東は、文化大革命を支持するよう求めたが、鄧小平はこれを拒否。自ら失脚する道を選んだ。**

**翌年一月、周恩来が死去すると、華国鋒《かこくほう》が後任に任命された。**

## 奇妙な革命

——文化大革命というのは、「世界に類例のない出来事」なので、とっても理解しにくい、と思うんです。

**ヴォーゲル**　それは面白いですね。

ボクはそれは考えてなかったけど、おっしゃる通りだと思うんです。

——どこが、「類例がない」かと言うと、共産党だからこそ起こった、中国共産党のなかの運動です。でもそんな運動は、あるはずがない。ゆえに、似た運動が、世界中に一例もない。

共産党の原則から言うと、「下級が上級に反対」したり、「大衆が党組織を攻撃」したりなんて、あるはずがない。党が人民大衆を指導する。党は指導部に従い、党は間違わない。これが、言うまでもなく、共産党の原則です。

けれども、文化大革命で起こったことは、党のなかに走資派[*1]（実権派）という「悪者」が生まれた。それをやっつけなければならない。本来、党の問題なんですけれども、党の外の、大衆が立ち上がる。紅衛兵[*2]が立ち上がる。それから、軍も出てくる。こういうふうに、「党の問題を解決していく大衆運動」などというのは、中国にしかないように思うのです。

**ヴォーゲル**　バリントン・ムーア[*3]がどこかで書いていた。革命というものは、一番上の数人と、大衆とが一緒になって、革命が起こるのだと。ふつうの中流階級の人びとは、反対するものだと。上流階級のトップの数人と、大衆とが一緒にやる、ということはありうることだと思う。

＊1　走資派……文化大革命の際、資本主義の道を歩む実権派として批判された人びと。劉少奇、鄧小平など。
＊2　紅衛兵……文化大革命の際、毛沢東の呼びかけに応えて立ち上がった青年男女の自発的政治組織。
＊3　バリントン・ムーア……Barrington Moore 1913-2005 アメリカの社会学者。

## 共産党は強い組織

**ヴォーゲル**　中国は、おっしゃる通り、そういう革命を、「共産党の指導」でやっている。毛沢東はそういうかたちの大衆運動を、数年やったのですね。

どうして中国共産党が、あれほど強くなったのか。革命戦争が長かったから、強くなった。そして毛沢東は、その指導者になった。

中東地域でよくあるみたいに、数ヵ月ぐらいの新しい政党が、革命を起こして成功しても、それほど強い組織を持つことにはならないんですね。毛沢東はやっぱり、少なくとも一九二七年から、激しい競争を勝ち抜いてきた。軍隊もあって、二七年から四九年までの二二年間に、ほんとうに強い組織をもつことになった。

毛沢東は、革命の指導者ですから、旧い官僚、旧い上流階級と、もともと関係が悪かった。

どうして彼が、文化大革命を発動することになったかと言うと、私はいくつかの見方があると思うんですね。

## 文化大革命の原因

**ヴォーゲル**　ひとつは、毛沢東が個人的に、ほかの指導者と摩擦を生じ、批判もされたので、自分の地位を保とうとしたという見方。

もうひとつは、毛沢東が、党内の官僚主義を克服しなければ、と思ったこと。共産党も長く続けば、国民党や、前の支配階級みたいな組織になってしまって、ふつうの国民から遊離する。それでは国民は、怒ってしまうだろう。いろんな不満をもった人びとが、ほんとに多かったのですね。そこで革命を起こしたい。共産党があまり官僚的にならないように、そういう大衆運動を使おうとした。

もうひとつは、反腐敗ですね。毛沢東は鋭い男で、そういうことがいちいち気に障る。いま習近平は、腐敗問題に取り組んでいるでしょう。やっぱり、腐敗している幹部が多すぎたのですね。そこで、みんな協力して、腐敗と戦う。

毛沢東のやり方は、それを順番にやる。まず数人を対象とし、ほかのひととは全部協力して、その数人を倒す。倒してから、また次の数人、とか。一番最初は彭真《ほうしん》*1、そのほかの四人ですね。楊尚昆《ようしょうこん》*2と、軍人一人と、宣伝部の一人。その四人を対象としてやった。ほか

*1　彭真……中国の政治指導者（一九〇二―一九九七）。解放後、北京市長などをつとめる。
*2　楊尚昆……中国の政治指導者（一九〇七―一九九八）。紅軍の政治工作の担当者として活動。解放後は中央書記処として鄧小平のもとで働き、文化大革命で実権派として批判される。

のひとは協力した。そのあとはもう少し、対象を幅広くしたが、いつも毛沢東を支持する人びとを、かなりみつけることができた。林彪も四人組もうまく使ったし、江青[*1]も使った。いろいろな党内の矛盾をうまく利用した、ということなんですね。

**毛沢東は独裁者か**

——その見方は、私もたいへん納得できます。こう言い換えてもいいですか。まず、文化大革命は、権力闘争の側面がある。権力闘争の側面があるということは、誰が権力をもつかが未解決の問題で、それを解決するために文化大革命があった。

**ヴォーゲル**　そう。

——つまり、毛沢東は、独裁者ではない。独裁者であれば、独裁的権力を使って、反対者を粛清すればいいわけだから、大衆運動は必要ないはずです。

**ヴォーゲル**　そう。おっしゃる通りですね。やっぱり党内の矛盾があった。毛沢東のは、独裁的なやり方なんですけれども、完全な独裁的権力ではないんですね。

——そこが非常に、特徴的です。中国的と言えばいいのか。

**ヴォーゲル**　だけど、スターリンでも、パージ（粛清）はいっぱいあったんですね。

スターリンは、強かったんですけれども、敵も多かった。共産党の中には、トロツキー[*2]とか、競争相手がいろいろいた。だから、倒そうと。どうやって、倒そうか。ソ連はパージというやり方を使った。

まあ、文化大革命はパージみたいですけれど、大衆運動でもあったんですね。

――はい。そこが大事です。

マルクスレーニン主義だと、権力闘争は、ふつうパージになる。私たちはソ連をみていて、そう思った。文化大革命はそれと違ったパターンだから、社会学的に考えても、実に興味ぶかいのですね。

**ヴォーゲル**　そうですね。

## 革命的ロマン主義

――もうひとつの側面もおっしゃいました。官僚制に反対しよう。せっかく中国共産党

＊1　江青……中国の政治指導者（一九一四―一九九一）。元女優。毛沢東の四番目の妻。

＊2　トロツキー……Троцкий 1879-1940 ロシアの革命家。レーニンの死後、スターリンと対立して除名され、亡命先のメキシコで暗殺される。

が政権をとって、国務院ができて、政府機関ができて、共産党がそれを指導して、革命をどんどんすればいいのに、毛沢東は、それをぶち壊しにするようなことをする。共産党のなかの人間を排除したり、政府機関を破壊したりして、またやり直すのを、毛沢東は好んだんですよね。

**ヴォーゲル**　そうですね。

――これは、なんと言うか……一種の、ロマン主義[*1]でしょうかね。

**ヴォーゲル**　そうそう、そうそう。

――ふつうだったら、組織が嫌いなのは、アナキスト（無政府主義者）です。あるいは、サンジカリスト（組合主義者）です。彼らは、権力が確立するのを、本能的に嫌う。毛沢東は、そういう心情もあるわけなのに、でも最後まで、中国共産党の権威を使っていて、とても矛盾していると思うんですね。

**ヴォーゲル**　そうですね。

毛沢東は、どうしてそうなったかと言うと、五〇年代に、実務的な仕事を指導しなかった。ちょっと雲の上の存在に、なっていたんですね。ですから、ロマン主義が出てきた。鄧小平は第一線で、実際の仕事を指導していた。実務的にならざるをえない。でも毛沢東はちょっと離れていた。ま、天皇のように、雲の上に立っていた。少しぐらいロマンチックでも、かまわないんですね。
実際の仕事を、実務的にやるためには、まあいろんなことが必要になるが、毛沢東はそういうことを一切無視してもいいと考えた。やっぱり雲の上に立っていた。

**実務とロマン**

――毛沢東は、革命的ロマン主義の傾向が非常に強い。それは中国にとって、とても必要だった。国民党にはたぶん、それがあまりなかった。共産党にはそれがあったので、多くの人びとを惹きつけ、犠牲的献身をひき出すことができたと思うんですね。

革命的ロマン主義は、革命の初期段階とか、長期的な革命のビジョンとかに、とても有用ですけれど、でも、革命の建設段階で、具体的な政治にそれが入り込んでくると、なにか血が流れるというか、大きな混乱を生むように思うんです。

**ヴォーゲル**　そうそう。おっしゃる通りですね。

＊1　ロマン主義……一八世紀後半からヨーロッパで顕著になった思潮。歴史や神話を主題にした個人の夢想に、理性や客観性を超えた創造力の源泉を求める。

ですから、革命の前段ではロマン主義。革命の後段では実務的な考え方。ふたつは違った発想なのですね。まあ、政権の権威を守るために、このふたつが危ういバランスを保っていた。

鄧小平は実務的な責任があって、五二年から六六年まで、北京で一四年間仕事をした。鄧小平はそうやって、毛沢東と協力したんですけれども、鄧小平の経験や人柄、考え方は毛沢東と、かなり違うんですね。

――鄧小平というひとは、実務家。まあ実際的な業務の専門家ですね。でもそのいっぽうで、毛沢東を正しいと思い、革命的ロマン主義になるべくついて行こうと、ずうっと努力していた。

**ヴォーゲル**　そう。そうですね。

――ですから、矛盾している、鄧小平自身も。

毛沢東からみると、実務ばっかりやっているただの党官僚で、打倒すればいいのか、それとも、使える人間として取っておけばいいのか、あんまりはっきりしてないと思うんです。

## 毛沢東の複雑さ

**ヴォーゲル**　ボクは、毛沢東自身も、非常に複雑な人間だと思うんですね。自分はロマン主義で動いているんですけれど、実務的な人間も必要だとわかっているわけですね。

――ですね。

**ヴォーゲル**　で、周恩来も実務的ですね、外交関係とか。文化大革命のなかでも、実務的な仕事を続けたしね。経済政策は多少、文化大革命から離れていたんですね。

文化大革命の最中でも、革命をやりながら、実務的なことをやる人びとはまだ、いました。これを「業務組《イエウーツー》」（実務グループ）という。『鄧小平』（本編）の前に、このことを指摘した英語の文献を、あまり見たことがありません。ともかく、そういうグループがあった。毛沢東はそれを、許したんですね。

ここから見ると、毛沢東自身は完全に、一〇〇パーセント、ロマン主義ではないんですね。どんな状況でも、誰かが実務的な仕事をする必要があると、わかっていたんです。

## 鄧小平の野心

**ヴォーゲル**　こんな状況のもと、鄧小平は五〇年代に、なにを考えていたか。

ボクはだいぶ調べたが、鄧小平は、記録と日記を書かなかったんです。自分の考えていることは、言えなかったんですね。ですから、記録がみつからない。何を考えていたか、想像するしかない。

鄧小平が、毛沢東の矛盾や複雑さを、熟知していたことは間違いない。毛沢東のやり方はひどい。そこで多少は、自分も野心を持っていたと思うんですね、鄧小平は。

――野心。どういう野心ですか？

**ヴォーゲル**　大事なポストにつく、ですね。仕事をするため、大事なポストをもつ。どうして彼は八〇年代、なかなか引退しなかったのか。なんとなく、権力がほしかったのかもしれない。自分の仕事を評価して、自分はまだ能力があると思って、自分は必要とされていると。だから大事なポストを手放さない。

――まあ、能力のあるひとに、よくありがちなことだと思うんです。

**ヴォーゲル**　そう。よくある。

彼は五〇年代、ほんとうに能力があったと思う、あらゆる面で。

ですから、野心という言葉をボクは使ったんですけれど、それをどう言葉で呼ぼうと、実務的な力を発揮できるポストを持ちたい、と考えていた。鄧小平はそういう人間だと、私は見ていますね。

――ポスト毛沢東時代のことも、鄧小平はなんとなく、五〇年代からそろそろ考えていたということ？

**ヴォーゲル**　そう。

——その次は、自分の番だと思ったのか。それとも、次の指導者のすぐ下の、ナンバーツーになろうと思ったのか。

**ヴォーゲル** それは、わからないですね。それは党が決めることで、自分では言い出せない。……鄧小平は、両方を、考えていたと思うんですね。

## 後継者の芽

**ヴォーゲル** 五七年モスクワに行った毛沢東は、鄧小平は非常に将来がある、と考えていた。たぶん後継者になるだろう。その可能性が大きい。そんなふうに思っていたと、ボクは思うのです。

で、ボクが鄧小平の娘（鄧榕）と話したら、彼女は、父親の鄧小平はほかのすべての将軍と関係がいいけれど、たった一人、林彪とだけはよくなかった、と証言しました。

どうして林彪とうまく行かなかったのか。ライバルみたいな感じがあったのではないか？　林彪も、自分は後継者の可能性が大きいと思っていた。鄧小平と林彪は、ライバルの関係にあったのです。

——そう意識してしまえば、とたんに、ぎこちなくなりますね。

**ヴォーゲル** そう。

——林彪もそう思ったし、鄧小平もそう思ったし。

じゃあ、毛沢東もそう思った？

**ヴォーゲル**　ボクはそういうふうに、見ていますね。

——はい。それは非常に、わかりやすいです。

でも、林彪の立場に立ってみると、「親密な戦友」ということで、毛沢東から後継者の指名を受けた。そこでいよいよ、自分がトップの指導者になったとき、鄧小平をどう扱うつもりだったでしょうね。何か記録がありますか。

**ヴォーゲル**　記録はない。けれども……たとえば、もしボクが林彪なら、ライバルがいては困る。自分は権力をもちたい。目のうえのタンコブは誰か。まあ、劉少奇と鄧小平でしょうね。そういう人びとは、まあ早いところやっかい払いするしかない。

**華国鋒と鄧小平**

**ヴォーゲル**　これに関連して、時間は飛ぶのですが、どうして毛沢東は、一九七六年四月五日のあの日、（亡くなったばかりの）周恩来を祈念する日に、鄧小平を完全に追い出したのだろう。
それはやっぱり、華国鋒が新たに指導力を発揮するのに、鄧小平というライバルがまだ目の前にいたら、具合が悪いから。鄧小平は強い男でね、華国鋒が太刀打ちするのはむずかしいから、完全に追い出してしまった。

毛沢東はたぶん、よくわかっていたんですね。トップの指導者とライバルの関係を。

案の定、七八年に、鄧小平が復活してきたときには、華国鋒はもちこたえられなかった。鄧小平は実力もある。キャリアも、人間関係も、軍での経験もある。あらゆる面で、華国鋒は足元にも及ばない。毛沢東が心配した通りに、鄧小平に、手もなくやりこめられてしまった。

このように、トップの指導者は、ライバルを排斥するしかないものなのです。

## 王洪文は落第

**ヴォーゲル**　七五年ごろ、毛沢東の最初の構想は、王洪文[*1]を共産党のトップの指導者に据えて、鄧小平はその下で総理みたいなことをやらせよう、だった。

でも、王洪文はバカで、経験もないし、高すぎるポストはとてもつとまらない。そうす

＊1　王洪文……中国の政治指導者（一九三五―一九九二）。上海の紡績労働者から抜擢されて、党中央に加わった。四人組の一人。

ると、鄧小平がたぶん、後継者になる。七五年の半ばごろには、毛沢東はそう考えたと思うんです。

だけど七五年、鄧小平は、自信満々だった。世論が追い風になっていた。文化大革命の評価は、東北地方（旧満洲）では、「七割は成功だった」と「七割は失敗だった」とが半々になっていますよ、と甥の毛遠新[*1]が毛沢東の耳に入れた。毛沢東にとっては、ひどい評価だ。毛沢東にしてみれば、後継者の鄧小平があれほど自信たっぷりで、自分が言ってほしいと思うことも、もう言ってくれなくなった。どうして言わなくなったのか、と心中穏やかではない。周恩来も心配して、鄧小平に、もう少し柔らかく、毛沢東に接触しなさいと注意した。すると鄧小平は、いや、しませんという態度だったのです。

——ほう、なるほど。

### 鄧小平はなぜ強気だった

**ヴォーゲル**　じゃあ鄧小平は、七五年、いったいなぜ、そこまで強気だったのか。

そういう一番大事なことは、証拠がなくて証明しにくいのだが、ボクがいろいろ考えて想像するのに、第一は、毛沢東がすぐに亡くなることを、鄧小平はわかっていたのですね。ネズミが沈みかかった船から逃げ出す、と言うでしょう。毛沢東は、そういう言葉を使ったんですね。毛沢東は、鄧小平の名前を出さなかったが、彼のことが念頭にあったと思う。

――うーん。

**ヴォーゲル**　もちろん鄧小平には、多少、そういう心配もあったんじゃないですか。毛沢東のイエスマンみたいな人間で、毛沢東のことを本気で尊敬していて、なんでも毛沢東にお伺いを立てる。そういう人間なら、毛沢東を批判することなんかできないんですね。鄧小平は、そういう人間じゃなかった。よくない点はよくないとし、自分に自信を持っていた。

――そこが、華国鋒との違いですね。

華国鋒の人気がなかったのは、毛沢東べったりでしかなかったから。鄧小平が人気があったのは、毛沢東と距離が取れたからですね。

**ヴォーゲル**　そう。

でも、それは証拠はないし、ボクの考え、ボクの分析、ということなんです。でも、こ

＊1　毛遠新……毛沢東の弟である毛沢民の長男。毛沢東と共産党指導部の連絡役をつとめていたが、四人組とともに拘束され、一七年間の獄中生活を送った。

れ以外に考えられないと思います。
――私もそう思います。

**大胆な推測を**

――『鄧小平』（本編）という本は、証拠の裏付けがとれたことだけでガチガチに固めて、そのことだけ書いてある。憶測はなるべく書かないよう、厳重なチェックがかけてある。

**ヴォーゲル**　そうそうそう。おっしゃる通りですね。
――本書では、証拠が取りにくくても、ぎりぎりのあたりをお訊ねしようと思います。

**ヴォーゲル**　状況をみて、行動をみて、どういうふうに鄧小平が考えていると、説明したらよいか。ボクはいまみたいに推測するんですが、それで、起こったことは全部、筋が通って整理できるわけなんです。
――でも証拠は……

**ヴォーゲル**　証拠は、残念ながら、ない。
でも、証明に近いことは、まあ、いくつかあるんですね。華国鋒は、「二つのすべて」[*1]（両个凡是）を唱えて毛沢東から全然離れられなかった。鄧小平はそのあと、非常にうまくやったな。「実事求是」[*2]という言葉を使って。毛沢東の言葉を掲げることで、毛沢東の権威を認めつつ、それを現実に適用する場合の、解釈権は自分にあるとした。

毛沢東が亡くなってから、鄧小平は、一一期三中全会で実権を握り、毛沢東の批判を非常にうまくやったと、私は思うんですね。原則として、毛沢東は、非常によかった、最後にちょっとだけ間違ったと。これなら、毛沢東をすごく尊敬するひとも、反対しにくい。けれども、政策は、これまでと変わった政策をとるべき。そういうあたりの手順と説明、政治手法が、それはほんとうに、うまいんだなあ。

——はい。それはとても納得できます。

**鄧小平は打倒する予定だった?**

——ちょっと時間を戻して、文化大革命のことをもう少しうかがいます。

文化大革命は、かなりの数の党の幹部を打倒することを、毛沢東ははじめから考えていた。彭真とかそういうレヴェルじゃなくて。そうすると、劉少奇は、打倒するつもりだっ

＊1　二つのすべて……毛沢東の決定はすべて守り、毛沢東の指示はすべて従う、という原則。
＊2　実事求是……事実の実証にもとづいて、ものごとの真理を追求する。165ページ＊1も参照。

た？

**ヴォーゲル**　それは必ず、そう。みんな、そういうふうに言いますね。

――では、鄧小平も打倒するつもりだったんでしょうか、最初から。

**ヴォーゲル**　それが……、わからないですねえ。

毛沢東の、鄧小平に対する見方は、複雑でね。まあ、自分の子どもに対するみたいですね。いくつか重要な局面で、毛沢東はやっぱり鄧小平を支持した。ただ、鄧小平はとても自信のある男で、やっぱりよくできる。国を背負って立つ実力のある男である、それは、間違いない。ただ、自分に従うかどうかは、ちょっとわからない、と。たとえば五九年、彭徳懐のときは、鄧小平は、批判に参加しなかったのです。ちょっと、不安でしょう？

――うーん。

**ヴォーゲル**　六〇年や六一年に、ますますそういう傾向が、毛沢東の目につくようになった。たとえば、農業六十条。それは、必要かもしれないが、まあ、ちょっとやりすぎかなと。そしてこれをやったのは鄧小平。

毛沢東は、自分の頭のなかにも矛盾があるんですね。いちばん頼りにできる、国の将来のためによくできる男である。が、同時に、不安に感じる面もあった。

**周恩来は打倒する予定だった？**

——じゃあ、質問を変えましょう。周恩来は結局、打倒されませんでした。これは、はじめからそう、決まっていたんでしょうか？

**ヴォーゲル**　そう、と思いますね。

——鄧小平と、どこが違うんでしょうか。

**ヴォーゲル**　周恩来は延安時代から、毛沢東に対して、立場が弱かったのですね。

——立場が弱い？

**ヴォーゲル**　はい。毛沢東がちょっと指示をすると、いつもハイハイと。鄧小平はもっと自立していて、強気なんです。

周恩来は四〇年代から、ナンバーツーの精神をもっていて、絶対に自分の言い分を表に出さない。毛沢東は絶対で、一〇〇パーセント間違いない、という態度なんです。

いっぽう鄧小平はよくできる、自信のある男で、一二年間軍隊で、毛沢東と少し離れていたこともあった。ナンバーワンになりそうな人物ですけれども、毛沢東の話を十分に一〇〇パーセント聞くということではない。

毛沢東は、証拠こそ残していないけれども、その行動からみる限り、いまのべたようなことが言えると、ボクは自信があるんですね。

——なるほど、よくわかります。

## 紅衛兵の混乱

——文化大革命というと、紅衛兵が出てきて勝手に暴れ回るというのが、一般のイメージだと思います。でも、最近出た本（王輝『文化大革命の真実』[*1] ミネルヴァ書房）などから私が理解したのは、文化大革命のプロセス全部を通じて、党中央（特に、毛沢東や、文化革命小組[*2]）からのコントロールが、ずっと効いていたということです。党中央からの線、権力のラインは、混乱のなかでも、ずっと生きていた。

で、闘争の進め方は、まずターゲットが決まる。で、自己批判を迫る。自己批判をしたら、その自己批判を認めるかどうかをチェックする。自己批判がひどい内容だと、批判大会に引っ張りだし、労働改造所[*3]とかに送られて、党員に対する教育的措置（実際には罰）を科す。そういうやり方で進んでいく。

**ヴォーゲル**　ボクは最初、そういうふうに見ていたんですね。紅衛兵は、自分の言う通りにやると。相手を好き勝手に、批判して批判して。だいたい六七年の一月ごろに、実権を握った。

ただ、幹部党員はね、それを防ぐため、自分の紅衛兵もつくった。

——ほう。「自分の紅衛兵」。

**ヴォーゲル**　そこで、乱れてしまったんです。ですから、毛沢東は完全に紅衛兵を指導することはできなかったんですね。非常な混乱が起こった。自分でも収拾がつかなくなった。そもそも毛沢東は当初、文化大革命が一〇年間も続くと思っていなかったんですね。もう少し早く、区切りをつけるはずだった。だけど、党の幹部たちは、自分を守るために紅衛兵を使ったんです。そこで、紅衛兵の組織が乱立して、組織と組織の争いが起き、大混乱になってしまった。

**解放軍が介入**

**ヴォーゲル**　六七年の夏には、紅衛兵の衝突が繰り返されて、損害も大きくなった。そこで、林彪の軍隊を使って、収拾をはかるほかなくなったんです。

＊1　『文化大革命の真実』……中国の社会学者・王輝が、天津市の文化大革命の実際について体験的に詳述した書物。日本と台湾でのみ発売。

＊2　文化革命小組……一九六六年、陳伯達や江青により結成された組織。中央文化革命小組。

＊3　労働改造所……政治犯や刑事犯を再教育するための労働施設。労改。

――なるほど。すると、最初の時期→混乱の時期→林彪の軍隊を使った収拾の時期、という具合に、六九年まで事態は動いて行ったと。

**ヴォーゲル**　そうですね。毛沢東はもう六六年から、（国防部長の）林彪を使おうと思っていた。解放軍全体に睨みをきかすために、林彪を使う必要があった。でも、林彪を使うけれども、最初は軍隊をそれほど持ち出さなくてもよかったんですね。ま、少し使ったけれども。いざとなると、林彪が軍隊を統制できた。

そうするうちにも、紅衛兵は、だんだん手がつけられなくなっていった。党の幹部は、批判の矢面に立たされることを恐れて、自分の紅衛兵をつくった。その結果、紅衛兵同士の矛盾や衝突が、激しくなっていった。

――林彪の軍隊が使えるためには、軍のなかに、造反運動が持ち込まれて、軍の幹部を兵士が批判したり、大衆が軍を批判したりしたのでは軍もマヒしてしまいます。軍に文化大革命を及ぼさないというのは、はじめから毛沢東が決めていたんでしょうか。

**ヴォーゲル**　まあ、いざとなると軍が頼りであると、毛沢東は最初から考えていたはずですね。だけど最初のうちは、軍が必要かどうかはっきりしなかった。もし紅衛兵がうまくやって、どんどん党官僚を叩いて、それで終われば、軍の出番はなくてもすむ、という考えもあったはずですね。

## 左派とは何か

――それから、もうひとつの主役である、「左派」がいます。鄧小平は、「走資派」「実権派」ということに、なっている。彼らの特徴は、毛沢東の言うことを聞かないこと。それから、資本主義的であって、共産主義的でない、よくないことをいろいろやっている。

**ヴォーゲル**　というふうに、その言葉を使ったんですね。資本主義も市場経済も、とんでもなく悪いもの、ということになっていた。

――ま、左派の言い方ですね。左派の言い方で、走資派、実権派は意味がよくわかるのです。じゃ、左派はなんだろうと考えると、これがよくわからない。左派っていうのは、定義できますか？

**ヴォーゲル**　やっぱり、毛沢東の話を聞く。お利口。

――なるほど。それは、ひとつの定義ですね。

じゃあ、毛沢東はなぜ、左派なんでしょうか？

**ヴォーゲル**　三〇年代ぐらいからずっと、左派のほうがいい、という考え方が、共産党のなかにあったんですね。右派はちょっと保守的で、左派は革命をやる。そういう解釈があった。

五〇年代、六〇年代でも、党内の闘争があれば、左派は、方法の間違いはありうるが、立場の間違いは全然ない。右派は、方法だけではなく、立場もときどき間違っている。そういう言い方がずうっとあった。これは、共産党の文化になったのですね。五七年、反右派闘争のときにも、正しいのは左。左のほうがずっといい、と総括された。

――うーん。

**ヴォーゲル**　結局、毛沢東の目からみて、自分を支持するのが左派、ということです。

――そうすると、左派とは、毛沢東のなかにある革命的ロマン主義の、同調者の別名ですか。

**ヴォーゲル**　だけどまあ、毛沢東を支持する人びとは多様なんですね。そういうロマン主義的な人間もいる。林彪はそういう男じゃないと、私は思う。でも彼は、毛沢東をとことん支持する。そういう人びとも左派というんです。

ですから、左派はいい、考え方が正しい、立場が正しい。それは大義名分です。実際には、権力闘争。誰が誰を支持するか、という要因もあるんですよ。

――そんな共産党の文化があるとしたら、権力志向の俗物が、左派を名のって群がってくるような気がします。

## 林彪 VS. 左派

——林彪が、文化大革命を推進し、毛沢東を支持したのは、政敵（劉少奇とか鄧小平とか）を、みんな排除できて、とても有利だからですよね。それは理解できます。林彪自身が全然、革命的ロマン主義者でなかったとしても。

**ヴォーゲル**　そう。

——だけど、林彪にとっての問題点は、文化大革命を進めれば進めるほど、江青、四人組、そのほかっていう、左派が出てくることです。左派は、林彪の敵になってしまうんじゃないでしょうか。

**ヴォーゲル**　ハハハハハ。

そうですね。そう言えば、林彪は、革命の左派ではない。

毛沢東は、あらゆる人びとを使ったんですね。イデオロギーとか思想の左派は、妻の江青ですね。江青は、そればかりずっとやってきた。江青と、林彪の立場は違うと、私は思うんですね。双方に共通するのは、毛沢東を支持したこと。でもいっぽうは、イデオロギーとか宣伝とか、思想によって。もういっぽうは、軍の実力によって、なのです。

六九年に両グループが手を結んで統一したときにも、林彪はかなり、彼女と色合いが違うんですね。江青はあくまでも、革命的。林彪は国の統一を保つために、もう少し安定した状態が欲しかった。

## 林彪失脚の原因

――そうすると、林彪事件[*1]が起こって、文化大革命の途中に林彪が失脚してしまうわけですけれども、それはある意味、いずれ来る矛盾。文化大革命の本質と、林彪の路線の、喰い違いというか……。

**ヴォーゲル**　ボクはそう思わないですね。

どうしてあの事件が起こったかというと、毛沢東は、林彪に対して、ますます心配を募らせていたんです。林彪がどんどん権力を持っていって、ついには毛沢東を追い出す可能性もあるのではないかと。林彪と毛沢東の矛盾・衝突が、ありうると毛沢東が危惧したことが原因だというのが、ボクの解釈なんです。

――なるほどね。そのロジックはもう、中国の政治始まって以来の伝統的なもので、皇帝と皇太子とか、トップとナンバーツーとか、必ず対立し、殺し合いになる。

中国共産党の歴史のなかでも、トップとナンバーツーって、何回も対立している。高崗も、劉少奇もそうだし、それから、胡耀邦と趙紫陽《ちょうしよう》が、ダメになったのもそうだし……

**ヴォーゲル**　そう。

——ずうっと、あると思います。

**ヴォーゲル**　だから周恩来は、ナンバーツーになりたくないんですね。

——と、『鄧小平』（本編）に書いてあって、なるほどと思いました。

## 指導者の交替

**ヴォーゲル**　と共に、ボクは、共産党だけではなくて、現在の指導者と将来の指導者の矛盾というか、むずかしさもあると思うのです。

われわれ民主主義の制度では、選挙で、何月何日に後継者になると決める。それでも、あいまいなところがありますね。むずかしい。たとえば私が現在の指導者として、後継者のあるひとに少し心配するところがあって、なんと言うか、食い違いがある。私はこうやりなさいと思い、彼はちょっと違った意見である。私は少し不安になりますね。私とちょっと違ったやり方で、困るなあ、私は引退してから大丈夫かなあと。

＊1　林彪事件……一九七一年、林彪が毛沢東暗殺を企てたが失敗したため、飛行機で逃亡中にモンゴルで墜死したとされる事件。

韓国をみてみると、現在の権力者が、引退した権力者を、みな刑務所に送り込むでしょう。こういうことでいいのか。

習近平のもとでも、周永康[*1]は、政治局常務委員だったんですが、そういうひとでも、退職してから、失脚して、あんなにひどい目にあう。これは大変なことです。現職のひとは、退職してからのことが心配になるわけですね。

ですから、左派の内部のちょっとした違いという要素もあるし、ナンバーツーの要素もあるし、現在の指導者と後継者のむずかしさもあるし、と言えると私は思うんです。

### 林彪と四人組

――もしも毛沢東が心臓麻痺かなんかで、林彪より先に死んでいれば、四人組を逮捕したのは、林彪でしょうかね。

**ヴォーゲル**　でしょう。

ただね、林彪は、毛沢東が早く亡くなっても、四人組を心配する必要はなかったかもしれないですね。

――と言うと？

**ヴォーゲル**　毛沢東の死後どうして、四人組を急いで逮捕しなければならなかったかと言うと、おそらく、軍隊の誰かが、四人組を支持して動く心配があったわけです。

――おお、おお。

**ヴォーゲル**　もし林彪が生きていたら、そういう心配はなかったかもしれない。まあ、両者の間に矛盾はもちろんあって、四人組は権力を持つわけにはいかない。林彪と四人組の矛盾は、あるに決まっているのです。

――それは、納得できます。

## 四人組と解放軍

――四人組は、人民解放軍の内部には、総政治部というところにしか足場がないように、書いてありましたけれど、総政治部には、軍をおさえる力はないんですか。

**ヴォーゲル**　ないです。ただね、なんて言いますか、ものを知らないひとに、江青あたりが、われわれは毛沢東の命令で、こうこう、こうやるから、と命じた場合に、そのひとたちが聞くか聞かない

＊1　周永康……中国の政治指導者（一九四二―　）。二〇〇七年、党中央政治局常務委員。二〇一四年一二月、汚職事件で失脚、二〇一五年、無期懲役。

か。たとえば上海の、予備役の人びとなどと手を組んで、とか。解放軍のなかで、または政治局のなかで、大勢が四人組を支持するとか。それは、心配があったんですね。

四人組の支持基盤は、ごく限られていたけれども、政治局の、多数を押さえる可能性があった。それに、軍にも多少……。そういう人びとに言われれば、指導者だからしょうがないので、まあ、従わざるをえない。

――政治局が握られてしまうと、軍を動かせるということですね。

**ヴォーゲル**　という可能性があったんです。

――よくわかりました。

## 鄧小平の失脚

――文化大革命の渦中、ついに鄧小平が失脚して、田舎にやられてしまいます。

**ヴォーゲル**　失脚したのは、六六年でした。

――劉少奇のようなひどいことにはならなかったけれども、まあ、中央から切り離されてしまって、地方で過ごした。

**ヴォーゲル**　戻ってきたのは七三年。田舎へ行ったのは、六九年から七三年まで。六六年から六九年までは北京にいました。

この辺の背景ですが、もしも林彪の立場からみれば、自分が権力を握るために、競争する相手は、追い出すわけですね。そこでだいたいの指導者を、六九年に、あちこちの地方へ送ったわけです。口実は、ソ連の侵攻を心配するというもの。でも、地方へ行くと、ソ連の侵攻に備える組織をつくるとか、侵攻に対応する準備をするとか、そういったことは一切なかったんです。なんだか、話がおかしいでしょう。どうしてそういう指導者たちを、あちこちへ送ったのか。

結局、林彪が、競争するライバルの動きを心配しただけだったんです。だから北京からずうっと離れた場所にやられた。大事な人物は全部、送ったわけですね。鄧小平が江西に送られたのも、六九年。そういうこともあったんじゃないかと思う。

——なるほど。

**田舎で過ごす**

——鄧小平は田舎にいる間に、いろんなこと考えたと思うんですけれども、どんなことを考えたでしょうね。記録はないかもしれないが。

**ヴォーゲル**　鄧小平が江西に行った当時、地元の人びとに、自分は北京へ帰る可能性が大きいと、言っているんです。毛沢東は、劉少奇は完全に切り捨てたんだけど、鄧小平のことは、いざとなるとまた必要になるかもしれないと、取っておいたのですね。毛沢東はそのあたりを、ちゃんと準備したわけです。

そのことは、鄧小平にも感じられる。そこで鄧小平は、いつ帰るか、どういうふうに帰るかわからないけれども、いずれ北京へ戻って、また大事なポストにつく可能性が大きいと、自信があった。

そこで、自分と中国の将来を、あれこれ思い描いたことと思う。具体的にどういうことかは、言いにくいけれども、想像するなら、もしも毛沢東が早くに亡くなったら、どうしたらいいか、みたいなことも考えたと思うんですね。

そうして、汪東興[*1]に、手紙を書くわけですね。「林彪事件はショックでした。毛沢東主席の適切な対応がなかったら、陰謀が成功していたかもしれません。自分は労働と学習を通じて、自分を変えようと努力しています。いつか、共産党のために少しでも働くことができれば幸せです」、みたいに。まあ、毛沢東に対して、鄧小平は悪くないと、それとなくアピールした。

ここでのポイントは、鄧小平の目から見ると、ふたつあるんですね。ひとつは、毛沢東があとで、自分を使おうと考えてくれるように、時期を待つこと。それがひとつ。もうひとつは、北京に帰ってから、どういうことをやればいいか、誰を使えばいいか。どういうふうに使おうか。国を立て直すためにどうしたらいいか。あらゆることを十分に考えておくこと。その暇があったわけですね。

鄧小平の娘の回想によると、毎日、庭で働いて、歩いて、よく考えていた。北京へ帰ってからどうしたらいいかをずっと、考えていたのだろうと。

——なかなか立派な指導者だと思います。

**復帰後のビジョン**

——そして、そういう鄧小平にとってのグッドニュースは、まず、林彪が失脚した。ライバルがいなくなった。

それから、アメリカとの関係が始まった。

**ヴォーゲル** アメリカとの関係は、いいニュースかどうかですね。それは、国のためにいいんですけれど、自分の立場、自分が戻るか戻らないかと、アメリカと少し関係が始まったことは、あんまり関係ないと思うんです。

＊1 汪東興……中国の政治指導者（一九一六―二〇一五）。長年、毛沢東の警備責任者をつとめる。一九七七年、党副主席、政治局常務委員となる。

――ああ、そうですか。でも、左派にとっては、大きな打撃になったと思いますねえ。なにしろ、資本主義で帝国主義のアメリカと、手を結ぶというのですから、左派の論理では説明できない。左派が打撃をうけ、孤立すれば、そのぶん鄧小平は有利になると思うのです。

それはそれとしても、外国から資本を取り入れるというアイデアが選択肢に加われば、中国の近代化に大いに追い風になるはずです。そこまで考えていなかった?

**ヴォーゲル**　鄧小平が江西に行く前の、六九年、ソ連との間で軍事衝突があった。それから、門戸を開き、西側世界との外交関係を改善しよう、という動きになった。これは、国のためにいい面がある。

ソ連は反対です。鄧小平は当時、ソ連と軍事衝突があったあとに、あまりいい気持ちを持ってなかったはずです。そのためか、七八年よりあとも、鄧小平は、ソ連とほとんど付き合ってないんですね。

国の政策として、アメリカと交流を開くのは、いいことでしょう。でも、自分の個人的立場、自分の地位とは、別に関係ないと私は思います。

――では、そのことを前提に、その先もいろいろ考えるっていうことはなかった?

**ヴォーゲル**　そうですね。実際に政策を立てる場合には、国のために何がいいか、たとえば人間を訓練し、人材を養成するのに、アメリカから科学・技術を導入できるか、などと考える。

——自分自身が留学生ですからね、留学するということが、どれだけ意味があるかということを、よくわかっている。

**ヴォーゲル**　よくわかっている。それこそ、よくわかっているんですね。

——革命このかた、新中国では留学がほとんど不可能で、ソ連にも行けなくなってしまいましたから。

## 反右派闘争の反省

**ヴォーゲル**　もうひとつは、五七年の反右派闘争のこと。

はっきりした証拠があって言うわけではないんですが、鄧小平は、反右派闘争は間違った政策だった、自分は間違った、と思うようになったんですね。五七年の反右派闘争のあと、知識階級は、あまり積極的に科学技術のことをやらなくなっていた。おかげで、産業の発展も技術の進歩も、ほとんどストップしました。これは間違っていたと。

そこで、知識階級を育てなければならない、と思った。海外の情報が入って、中国が遅れているとわかったんです。外国と交流すべきだが、うまく交流できるだろうか。自分の政治的立ち位置とは関係なしに、国にとって適切な政策はなにかと、その内容を考えていくのが、鄧小平のスタイルだった。

**不倒翁**

——鄧小平は三回打倒されてそのつど復活し、不倒翁と言われているわけですけれど、二回目の、文化大革命での失脚がいちばん打撃が大きかったと思うんですね。いままで大事な仕事をしていたのに、自分が批判の矢面に立たされてしまった。

**ヴォーゲル**　そうそう。

——さぞかし大きな、ショックだったろう。ふつうのひとだったら、なんと言うか、大きな人格の変化、考え方の変化、みたいなことが起こるんじゃないでしょうか。

**ヴォーゲル**　必ずショックがあったはずです。

まず、鄧小平の長男[*1]が、ひどい目にあった。紅衛兵のせいで、身体障害者になってしまった。ひどい災難だと思います。

鄧小平自身は、（拘禁され惨死した）劉少奇みたいなことにならなくて、保護されていた。毛沢東がある程度、手配をしたのですね。いちばん悪いところには、送らなかった。鄧小平と毛沢東はやっぱり、非常に微妙な関係があったんですね。毛沢東は、いざとなったらまた、鄧小平を起用しようと考えていた。

――なるほど。

**ヴォーゲル**　それからボクはね、七六年四月五日、鄧小平が三回目に失脚したときも、毛沢東は、共産党から追い出さなかった。それも大事だったと思う。江青は、鄧小平の党籍を剝奪しろ、と迫ったのです。でも毛沢東は、同意しなかった。だから鄧小平も、将来、国のために尽くすことができる、そういう可能性があると考えていたはずなのです。

――わかりました。それでは文化大革命は、ここまでとします。

＊1　鄧小平の長男……鄧樸方（一九四三―　）。文化大革命で、下半身不随となる。中国身体障害者連合会の初代主席。

# 第5章　鄧小平の改革開放

日本記者クラブで記者会見する鄧小平（78年）©時事

【改革開放と鄧小平】

一九七六年一月に周恩来が死ぬと、毛沢東はその葬儀をなるべく簡素に済ませようとした。しかし中国の人びとは全国で、「われらの総理」に対するあふれる哀悼の想いを表現した。華国鋒は総理代行に就任した。四月の清明節には、周恩来と鄧小平のための人波が天安門広場を埋めた。鄧小平は四月にすべての職を正式に解かれたが、党籍は保った。

一九七六年九月九日、毛沢東が亡くなった。葬儀では、華国鋒が追悼の辞をのべた。華国鋒、葉剣英、汪東興は相談して、一〇月六日に、江青、張春橋、[*1]姚文元《ようぶんげん》、[*2]王洪文の「四人組」を逮捕した。彼らが武力で実権を奪おうとするおそれがあったからだという。華国鋒は、共産党と中央軍事委員会の主席に選出された。

華国鋒は「二つのすべて」（毛主席の決定、毛主席の指示はすべてその通りに実行しなければならない）を掲げ、自分は毛沢東の遺訓に忠実であるとして、権威づけを図った。そして、鄧小平の復活をなるべく先に延ばそうとした。しかし復活を待望する幹部の声が大きくなり、鄧小平は一九七七年七月に、かつての職すべてに復帰することになった。鄧小平がまず手がけたのは、大学入試の再開であった。七七年秋にはさっそく入試が行なわれた。

一九七八年五月には、谷牧《こくぼく》率いる視察団がヨーロッパを一ヵ月訪れ、大歓迎を受けた。一行は先進資本主義国の目の覚めるような発展ぶりについての情報と、経済協力の申し出を土産に帰国して、中国の指導部にショックを与えた。

改革開放は、一九七八年一二月一八日〜二二日の第一一期全国代表大会第三回中央委員会全体会議（一一期三中全会）からスタートした、と言われている。しかし、実際には、それに先立つ一一月一〇日〜一二月一五日に開かれた中央工作会議が、実質的な決定の場であった。この会議を招集したのは華国鋒だが、まず、「二つのすべて」が批判され始めた。四月五日の周恩来追悼デモ（第一次天安門事件）は反革命ではなく、革命的な行動だったとして、名誉回復されることになった。華国鋒は、大多数の党員の考えを受け入れることで、地位を保とうとした。鄧小平はこの会議をしめくくり、大躍進のような精神主義でなく、経済的手段を用いてやる気を引き出すべきである、文化大革命のあいだの誤りは正されなければならない、とのべた。これは、毛沢東時代からの決別だった。この議論の結

＊1　張春橋……中国の政治指導者（一九一七—二〇〇五）。文革の旗手として活躍するも、四人組の一人として逮捕。死刑判決、のち懲役一八年に減刑。

＊2　姚文元……中国の政治指導者（一九三一—二〇〇五）。文革の指導者として活動するも、四人組の一人として逮捕。懲役二〇年の判決。

果を、正式に承認したのが、続いて開かれた三中全会だったのである。

鄧小平は、こうして実権を手中にしたが、華国鋒をすぐ追い落とすようなことはせず、団結と安定を内外に印象づけた。鄧小平はまた、毛沢東の権威を傷つけないように注意を払った。一九七八年一〇月には日本を訪問して、成功を収めた。

改革開放で、中国は驚異的な経済成長を三〇年あまりも続けることになるが、それは農村から火がついた。一九七七年、安徽《あんき》省の第一書記となった万里は、請負制を柱とする実験プランをまとめ、鄧小平は支持した。実験はうまく行ったが、三中全会は農業の脱集団化をまだ認めていなかった。万里は胡耀邦に支援を求め、鄧小平は一九八〇年九月に家族請負制に許可を与えた。農民はやる気を出し、七七年に三億トンだった穀物生産量は八四年には四億トンを上回った。収穫を市場で売って利益をあげる「万元戸」[*1]が続出し、かつての人民公社を土台にする「郷鎮企業」が急成長した。

八〇年代の成長を牽引したのは、深圳《しんせん》など沿海地方に設けられた経済特区だった。深圳のある広東省は、工業の後進地だったが、香港と隣接する地の利を活かし、一九八〇年から八五年まで第一書記をつとめた任仲夷の指導のもと、外資を導入して急速に発展した。

鄧小平の「先富論」[*2]は、経済特区の追い風になった。

八〇年代の急速な経済成長はときに過熱をうみ、インフレがひどくなった。経済運営を

**めぐって、積極派と均衡派の論争もうまれた。国営企業や計画経済も存続したうえでの市場の発展は、格差やひずみや腐敗をもたらした。急速に流入する海外からの情報は、人びとを戸惑わせた。こうした熱気と混乱が、一九八九年六月四日の天安門事件[*3]を引き起こしたのである。**

## 改革開放とネップ

——改革開放というものなんですけれども、これも世界史上、たいへんユニークな現象で、中国にしか起こってないような気がします。

**ヴォーゲル**　どういう意味で？

——まず、中国共産党という共産党政権があって、共産党の主導のもと、資本主義経済に近いようなことを政策として行なっている。これは、類例がないのではないか。

＊1　万元戸……年収が一万元を超える世帯。
＊2　先富論……一九八五年ごろから鄧小平が唱えた。一部のひと、一部の地域から先に豊かになり、遅れた地域を助けるという政策。
＊3　天安門事件……民主化を要求して天安門広場を占拠していた学生に、軍隊が発砲して多数の死傷者を出した。

**ヴォーゲル**　いや、ボクはそうは思わない。

――あ、そうですか。

**ヴォーゲル**　ソ連に、ネップ[*1]（新経済政策）というのがあったじゃないですか。一九二〇年代ですね。共産党政権のもと、資本主義経済みたいなことをやった。その通りだと思うんですね。

海外の資金を必要としたし、海外の商人も来てよいし、市場経済も少し試みた。改革開放に似ている。共産党の指導部のなかには、そういう政策を続けてもいい、と思ったひともいたのです。一九二〇年代、スターリンが社会主義の制度をつくる前のことでした。

――それは、『鄧小平』（本編）に書いてあって、なるほどと思いました。

マルクスレーニン主義の古い教科書には、社会主義計画経済と資本主義市場経済は、敵対する関係のものだと書いてある。それを勉強したので、鄧小平の改革開放が、実にユニークにみえたんです。

## 類似の試み

――新経済政策以外に、改革開放にあたるものはあるでしょうか。

**ヴォーゲル**　ポーランドとか東ドイツとか、東ヨーロッパには、似たような試みがあったと言いますね。ポーランドは、ソ連よりも、市場経済が少し長く続いたと、聞いたことがある。それから、ユーゴスラビアの実験[*2]もあったかなあ、と。

――ただ、いずれにしろ、中国の改革開放は、規模も大きいし、影響も大きいし、比較にならないくらい巨大な、歴史的出来事だと思うんです。

**ヴォーゲル** そう、おっしゃる通り。

――で、鄧小平がいなければ、これは、出来なかったかもしれない。

**ヴォーゲル** 私もそう思いますね。まあやっても、あれほど成功する可能性はなかったでしょう。

――ですよねえ。

## 華国鋒の試み

――改革開放は、その始まりから、こういうふうになる計画だったのか。それとも、偶然の要素が大きいのでしょうか。

＊1　ネップ……市場経済を一部容認する政策。ソ連で一九二一―二七年に採用された。
＊2　ユーゴスラビアの実験……労働者による企業の自主管理。

**ヴォーゲル**　七八年の三中全会の前にも、華国鋒が、多少なりとそういう政策をとろうとした、とボクは思うんですね。

——ああ、はい。

**ヴォーゲル**　ですから、完全に鄧小平の専売特許だとは思わないんですけど、どれほどやるか、どういうふうにやるか、少しずつ議論がされて、七八年の一一月ごろまでに、多少そういう方向で進もうという話になっていた。

だけど三中全会で、そこまで行くと、まだ決まっていたわけではないと思うんですね。鄧小平が、だいたいこの方向に行こうと、方針を出した。だけど、試験的にやってみて、こうやってああやって、うまく行けば、つぎの一歩、また一歩と。そういうふうに、手さぐりで進んだと、私は見ています。

——じゃあ、すみずみまでの計画が、最初からあったとは、とても言えない？

**ヴォーゲル**　言えないですね、それは。

**毛沢東の功罪**

——毛沢東が生きているあいだは、こんなことは絶対にできなかった？

**ヴォーゲル**　と思いますね。

だけど、六〇年代の初めごろ、多少そういう道を進もうか、という気配はあった。それから、アメリカとの関係を改善してから、七二年にニクソンの協力で、多少、市場経済の要素が加味される可能性もあったかもしれないですね。

――中国の人びとは、毛沢東の革命的ロマン主義の理想に共感して、文化大革命では、ずいぶん努力したと思うんです。

**ヴォーゲル**　そうそうそう。

――で、人海戦術でいろんなことやって、若者たちは田舎に送られて（上山下郷[*1]）、大勢の同僚が批判されて、それで一〇年経ってみて、これはなんだっていうふうに思って、革命的ロマン主義と距離をとるようになったんだと思います。

**ヴォーゲル**　そうそうそう。

――ちょうどそこに、鄧小平が出てきて、新しい政策を進めてくれそうだと。

華国鋒はどうかと言えば、毛沢東べったりに見えてしまう。やってることは新しそうだけど、言ってることはべったりだ。

**ヴォーゲル**　うーん、だけど、華国鋒もときどき、経済の発達が必要とか、言うのですが

＊1　上山下郷……都市の青年を農村に移す政策。青年は都市戸籍を失うので、戻って来られない。

ね。ま、毛沢東が長生きして、いろいろなことを言ってしまったのです。ですから華国鋒は、自分のやりたいことを遠慮して、毛沢東の言葉から、使えるところを切り貼りするというやり方をした。

鄧小平ほどできなくても、毛沢東の言葉をうまく使えば、もう少し変わる可能性もあったんですね。

**谷牧の視察団**

——華国鋒が非常に賢明だったら、そして鄧小平が復活しなければ、華国鋒が鄧小平になる可能性もあった、ということですか?

**ヴォーゲル** ノー。そこまではできない。

李先念[*1]とか、葉剣英とかが、華国鋒の顧問をやっているんですね。ですから華国鋒は、少しそういう道を歩こうとした。だけど、鄧小平みたいに、大胆にやる可能性はなかったんです。それでも多少……たとえば七八年、三中全会より前に、谷牧[*2]の視察団を海外へ送っています。それは、華国鋒が決めたことなのです。

——なるほど。

**ヴォーゲル** もちろん鄧小平も同じようなことを考えていたんですけれども、華国鋒もそういうことをやりたかったんですね。で、その視察団を送って、意識や考え方が、少し変わる可能性があったんですね。

谷牧の視察団は、岩倉使節団[*3]と似ている。日本人にわかりやすい、と思いませんか。

——そう思います。

**ヴォーゲル**　組織も似てるし、やり方、目的、ぜんぶそっくりなんですね。

**西側がブームに**

——そこで、小さなブームが起こったようですね。どんどんやれば、すぐ近代化できるかもしれないっていう。

**ヴォーゲル**　そうそう。

＊1　李先念……中国の政治指導者（一九〇八—一九九二）。解放後、武漢市長、副総理などをつとめ、財政貿易部門を担当する。

＊2　谷牧……中国の政治指導者（一九一四—二〇〇九）。解放後、国家建設委員会主任などをつとめる。文革で失脚。復活後は副総理をつとめる。

＊3　岩倉使節団……岩倉具視を団長とし、大久保利通、木戸孝允、伊藤博文らを副使とする使節団。一八七一—七三年、欧米各国を訪問。

——ちょっと、大躍進みたいな、熱気が起こった。保守派、陳雲みたいなひとは、それは甘いと。

**ヴォーゲル**　陳雲が、華国鋒を批判したときは、資金をばらまいて、どうこうみたいな言い方をしたんですけれど、ボクは、それは華国鋒の間違いというよりも、全体がそういうふうに浮ついていたので、そこに水を差す意味があったと思う。

——なるほど。

**華国鋒の再評価**

——『鄧小平』（本編）を読んでみて、ヴォーゲル先生は大変フェアに、鄧小平は重要であるけれども、華国鋒の役割が過小評価されている。それから、華国鋒は能力の足りないところはあったかもしれないけれども、まじめでいい人なんだって、書いてあります。

**ヴォーゲル**　それはボクは、ほかの人からそういうふうな話を聞いたんだ。

——なるほど。

**ヴォーゲル**　オーストラリアの友だち、スン・ワングオ（孫万国）とか、ウォーレン・スン[*1]ですね。資料を集めてみると、華国鋒の友だちは、だいたいそう言っている。ボクが発見したというわけではなく、いろいろな話を聞いて、資料をみて、できるだけフェアであろうと。なんでも鄧小平の功績だ、ではなくて、現実はもう少し複雑だと。

――はい。それはとても新鮮でした。

**ヴォーゲル**　ありがとう。

## 継続を強調する

――それで、鄧小平なんですけれど、華国鋒と違って、ふたつ、改革開放を基礎づける大事な主張をしたと思うんですけど。

ひとつは、中国のフルシチョフにならない。鄧小平は、中ソ論争をしていたので、フルシチョフと言っています。彼自身、「中国のフルシチョフ」と言われたこともある。中国のフルシチョフにならない、の意味は、スターリンは毛沢東ですから、毛沢東に私は忠実です、という宣言なのです。これは、改革開放が成功するために、重要な点だったと思います。

**ヴォーゲル**　そう。おっしゃる通り。

――二番目は、「二つのすべて」という、非常に反対しにくい華国鋒の言い方に対し

＊1　ウォーレン・スン……Warren Sun　台湾出身の、中国思想研究者。モナシュ大学に勤務。

て、実事求是[*1]（現実が真理を判断する規準になる）という、まあいわば、プラグマティズムに近い原則ですね。毛沢東の著作からこの言葉を引っ張ってきて、これを打ち出した。真理を検証するのが現実ならば、結局、現実に直面している実務家が、真理を決定する権利があると言ってるのとほぼ同じです。毛沢東じゃなくて私が真理を決めます、っていう、実に大胆な主張である。

この二つですね。でも毛沢東は否定しないんだよ、って。

**ヴォーゲル**　そうですね。

鄧小平は非常にうまいことを考えていたんですね。毛沢東のいちばん根本的なことは、新しいことを実験してみよう。それこそが毛沢東の精神だと。そういう言い方は、非常に、うまいな。私も、新しい実験をやるなかで、毛沢東と違ったことをやってみる。毛沢東が生きていたら、きっとそれを許すだろう。これはうまい。

鄧小平は長年、毛沢東と一緒に暮らしていた。いまの立場を守るために、毛沢東は私のやり方を批判しないよ、と言う。こういう言い方は、ほんとにうまいな。

**革命よりも改革**

——それはほんとに、ほかのひとには真似のできない、すばらしいやり方です。

**ヴォーゲル**　私もそう思います。

――天才的だと思うんです。

ただ、改革開放を中国共産党の基本政策にすることで、中国共産党の性質が変わったと思います。

共産党はもともと、プロレタリア国際主義[*2]に立脚し、世界の労働者人民を解放するものです。天安門にも、「世界人民大団結万歳」とスローガンが掲げてあります。中ソ論争のあとも、中国は、第三世界や非同盟諸国や抑圧されている人民のリーダーで、革命を継続するんだっていう、ロマン主義の側面があった。

いっぽう改革開放は、中国の発展戦略の問題なんです。だからそこで、インターナショナリズムからナショナリズムに、大きく方向が、変わったと思います。

＊1　実事求是……清代の考証学派の精神を表す言葉。漢書に初出。毛沢東の著作にこの言葉が使われている。

＊2　プロレタリア国際主義……世界同時革命のため、各国のプロレタリアは団結しなければならないという思想。

## 社会主義の初級段階

**ヴォーゲル**　だけど、外国に向かっては、中国はしばらく、まだ革命をやる、みたいなことを言っていたのです。鄧小平自身は、革命よりも、安定した経済の発展を、重視する姿勢に変わっていたのですけれども。

ボクは、シンガポールのリー・クワンユー[*1]と話したとき、こう教わった。これはすごく大事な点だと思うのですが、リー・クワンユーは、(一九七八年一一月の鄧小平のシンガポール訪問の際)中国に革命の宣伝をしてもらっては困る、と鄧小平に文句を言った。東南アジアとうまくやりたいなら、そういうことはやめなさいと。当時は中国から東南アジアに、革命を宣伝するラジオ放送が流されていたんです。すると、鄧小平は、まあ一、二年ぐらいかかるけれども、考えてみましょう、という答えだった。一、二年たったら、ラジオ放送はぴたりとストップした。

ですからリー・クワンユーは、大変な変化だとわかったというんです。

――はいはい。

**ヴォーゲル**　そういう変化はどういうふうに、行なわれるか。いろいろ準備があって、大変なのです。

鄧小平は、実際に、労働者や農民を守るためにやる、と言う。大躍進や文化大革命は、ほんとに農民と労働者のためだったかと言えば、そういうわけじゃなかった。共産党とその指導者たちは、労働者や農民から、かなり離れていた。それが、毛沢東の時代の、実際だった。だけど大義名分はまだ、プロレタリアですね。労働者階級、農民階級のためにやると。そういう看板は残しておいて、実際には違うことをやる。

あとになって、趙紫陽[*2]は八七年に、「社会主義の初級段階」という言い方をした。うまいけれども、まあ、嘘だ。初級段階なら、そのあと社会主義の国になる、という意味でしょう。実は、そんなこととっくにやめているのに、言葉でそう言いつくろっている。

国を実際、指導するのにね、これまでの考えを続ける、毛沢東の考えを続ける、と言うのは、有効なのです。これまでの理想を全然やめたと、言うのはちょっとまずい。ただ実際には、ほんとうに変わって行った。

——なるほど。

＊1　リー・クワンユー……Lee Kuan Yew 1923-2015 シンガポールの政治家。英国からの独立運動に参加。一九六五年、マレーシア連邦からの分離独立に際し、初代首相となる。

＊2　趙紫陽……中国の政治指導者（一九一九—二〇〇五）。一九八〇年、首相。八七年、党総書記となるも、八九年、失脚。

## 共産党は永遠か

**ヴォーゲル**　ある友だちが聞くんです。五〇年あと、中国共産党はまだあるかどうか。ボクの想像ですが、たぶん、鄧小平も、将来のことを考えたと思うんですね。

鄧小平はそもそも、何のために戦ったか。ボク自身の解釈は、共産党よりも、国のためである。そう私は思うんですね。彼の、国のためによかれと思う政策で、共産党が変わってもかまわない。もっと民主主義でやっても、中国のためにそれが必要なことなら、かまわないという考え方だと思うんです。

共産党とほかの党があって、選挙があっても、鄧小平は反対しない。共産党の代わりにほかの党、たとえば社会党が、政権を担当しても、二〇年、三〇年あとなら許したってていい。それが鄧小平の考え方だと思うな。

鄧小平は、それを頭のなかで考えた。でも、それを絶対に言わない。でも、あれだけ合理的で実践的な彼の考え方からすると、そういう結論になるだろうと、思うんです。

――私もそう思うんですけど、しかしまあそれは、だいぶ先の話である。

そんなふうに柔軟に、中国の将来を考えることのできたひとが、次の章でみるように、天安門事件にぶつかってしまったのは、まことに不運なことだと思います。

**ヴォーゲル**　そうそう。

**共産党と自民党**

——そういうことですとね、中国共産党は、日本の自由民主党と非常に似てきたと。

**ヴォーゲル**　ハハハハハ。

——自由民主党がやっているのは、農民と資本家と労働者と中小企業と、いろいろな人びとの利害を調整しながら、経済成長をして、まあ改革開放（外国の技術や資本を入れること）もやって。中国がやっているのと、同じことをやっている。

どこが違うかというと、自由民主党は選挙があること。でも、何回選挙をしても必ず勝つ。中国共産党は選挙がないから、ずうっと政権を担当しているって、ここが違う？

**ヴォーゲル**　ボクはそれはあまり考えてなかったんですけれども、労働組合はやっぱり社会党でしょう。自民党ではなくて。

——いちおう。

**ヴォーゲル**　五五年からずうっと、何十年間、労働者と……

——選挙のたびに、だいたい野党（社会党そのほか）の議席は三分の一。憲法改正に必要な「三分の二」を自民党に与えないっていう構図になります。

**ヴォーゲル**　中国は、人口がすごく大きい。ですから、実際に農民をほんとに代表できるのか、ボクはちょっと信じない。十分に信じていないですね。共産党の幹部は、ほんとに農民の代表なのか。農民もあんまり、そこまで、考えていないと思うんですね。

日本はもう少し、自由社会だと思うんです。ですから、誰かを代表できる。日本は、第二次世界大戦の当時には、宣伝部門があった。だけど、戦後はなくなったんですね。NHKがあるわけだけど、宣伝っていう感じじゃない。

中国では、日本並みに、農民や労働者を、ほんとに代表したか。まあ、言葉として代表したけれども、実際には、それほど代表していないと思います。

――おっしゃる通りですね。

## 改革開放の動機

――改革開放を進めるためには、人びとがそこに積極的に関わらないといけない。一人ひとりにはっきりした動機がある必要があります。

**ヴォーゲル**　はい。

――そこで、農民。これは自由が拡大して、所得が増える。労働者。これは就業の機会が増え、所得が増える、消費生活が豊かになる。若者。上の学校に行ける。こういうひとびとは、動機を持ちやすいんですけど、いちばんむずかしいのは、中国共産党の党員、幹部だと思います。この人びとが、なぜ改革開放を進めなきゃいけないんだ、いままで特権があったのに、と思ってしまう。彼らに動機を与えるのが、たぶんいちばん政治的にむずかしかったのではないか。

それで三中全会は、そこのところを、底流にしているように思うんです。鄧小平はとにかく、成長が必要だと言う。成長すると、みんなが豊かになっていくから、それが動機になる。そこからいろいろなメリットを、中国共産党の幹部の人びとにもわけることができますよ、という考えじゃないかと思うんです。

言葉を変えると、あとで、腐敗になるんですけれども。

**ヴォーゲル**　おっしゃる通りですね。

## 改革開放はなぜ支持された

――鄧小平は改革開放が、国のために必要だと思った。ほかの党員、幹部はついて来るものでしょうか。

**ヴォーゲル**　大躍進も失敗したし、文化大革命もひどかった。そう思った幹部は多かったでしょう。文化大革命で批判され、打倒された幹部もいる。なにごとか。いまさら、われわれの党が間違ったので、新しい道を歩むだって。幹部、党員の思いは複雑で、いろいろな考えがあったと思う。でも、変化が必要だ、と思う人びとが大多数だったのです。ですから、谷牧の視察団や、それに続く視察団が、大事だったと思う。

――はいはい。

**ヴォーゲル**　それまで、外国は欠点もあるし、信じられないということになっていた。けれども、信頼できる共産党の指導者たちが、外国に行って、細かいところまでいろいろ見て、違った道があると教えてくれた。あれほどまで経済が、発展するとは。日本は成功したし、台湾も、香港も、すばらしい。そういう情報が入ってきたんですね。

アメリカの華僑で、ノーベル賞を受賞した物理学者（丁肇中[*1]、楊振寧[*2]、李政道[*3]）や、さまざまな科学者が鄧小平と話し合ったんです。彼らは、知識階級を尊重すべきだとか、教育と人材養成を重視すべきだとか、いろいろ提案をした。鄧小平はそうした人びととも、よーく付き合ったんですね。それが大きい。

## 解放前の記憶

**ヴォーゲル**　それから、新中国より前の、記憶が残っていたのが大きいと、ボクは思う。四九年の中華人民共和国成立から七九年の改革開放まで、三〇年間ですね。だから、六〇歳より上の人間は、四九年より以前のことをわかっているわけです。

外国人が指導した大学、医学部とか、その当時のことを覚えているひともいました。燕京大学[*4]とか、清華大学[*5]とか、当時の西欧の学術のことを、よくわかったひとが、かなり残っていたのです。

共産党の指導者は、そういう専門家に聞けば、かなりの知識がえられた。華僑も戻ってきて、香港の華僑は、商売が香港であれほど成功したのはどうしてか、経験をのべる。なにかはっきりした、発展の筋書きがあったわけではないが、そういう人びとの話を聞くことで、大きな影響を受けることになった。

ですから、鄧小平は、いちいち命令する代わりに、海外の情報を与えて、さあ勉強しなさいと仕向けたのです。だから、岩倉使節団と似ていると、解釈できる。

＊1　丁肇中……アメリカ国籍の物理学者（一九三六―　）。cクォークの存在を立証した。
＊2　楊振寧……アメリカ国籍の物理学者（一九二二―　）。弱電磁統一理論を基礎づけた。
＊3　李政道……アメリカ国籍の物理学者（一九二六―　）。素粒子間の弱い相互作用ではパリティ（対称性）が保存されないとした。
＊4　燕京大学……一九一九年に開校。ハーバード大学と連携したが、解放後に廃校となり、工科系は清華大学、文系は北京大学に統合された。
＊5　清華大学……一九一一年、清華学堂が設立され、北京大学とならぶ国立総合大学へと発展。

――人びとの強い合意が形成される基盤が整いつつあった、ということですね。その基盤のひとつは、古い時代のことを覚えているひとがいること。

**ヴォーゲル**　そう。

――これは、ソ連にない条件。――中国だけの条件ですね。

**ヴォーゲル**　そう。ソ連にはあまりない。あったとしても、ごくわずか。

――ソ連は、社会主義が長すぎた。

**ヴォーゲル**　はい。

**幹部の復権**

――もうひとつの条件として、鄧小平自身が文化大革命で打倒されたリーダーで、もう一回復活していて、その彼が、多くの共産党の幹部を復活させた。そのことによって、強い連帯感が生まれた、っていうことは考えられますか。

**ヴォーゲル**　そう。もちろん、文化大革命で失脚した幹部は非常に多かったですね。党に反感をもったひとも多かった。文革で成り上がった幹部や指導者、毛沢東のやり方にも、反感があったはずです。でも言いにくいし、公然とそれを言えば、党が分裂してしまう。分裂すれば大変だ。そこで、はっきり言わないけれども、そういう気持ちは潜在していたはずですね。

――共産党のつぎの目標、つぎのリーダーが、毛沢東の死後、決まらなければいけないのに、三年間ぐらい、ふわふわしていた。

**ヴォーゲル**　はい。

――復権した幹部たちは、逆流が起こると大変だから、脱・文化大革命の流れが、定着することを望んでいたと思うんです。

## 中央工作会議

――というところに開かれたのが、中央工作会議ですね。三中全会の前に開かれたこの実質的な会議が、とても重要だと『鄧小平』(本編)では指摘されていて、その毎日の日程や会議の様子も詳しく紹介してある。

ここは、私は、三中全会の名前しか知りませんでしたから、とても新鮮に感じた箇所です。

**ヴォーゲル**　中央工作会議で、とくに数人の、役割が大きい。誰がどういうことを言ったか、いずれ資料が出るかもしれないんですけれど、ボクは、推測で言うなら、とりわけ葉剣英が、非常に大事な役割を果たしたと思います。

――華国鋒は、リーダーシップを、この中央工作会議のときに、実質的に失ってしまった？

**ヴォーゲル**　そこまでは言えないんですね。完全に権力を失ったわけじゃないが、まあ、あと二年ぐらいがんばっていた。

あらゆること、特に外交関係を決めるのは、鄧小平。経済政策は、陳雲ですね。その二人は、かなり力をもっていた。それでも華国鋒は、すっかり権力を失ったわけではなかった。知り合いの証言です。

――ということは、鄧小平はずいぶん我慢して、時間をかけたっていうことですね。

**ヴォーゲル**　そう。

――それはとても、よかったんじゃないでしょうか。

**ヴォーゲル**　そう思います。彼はうまいんですね。

――もし急いでいたら、傷が残ったし、安定しなかった。

**ヴォーゲル**　そう。時間をちゃんとかけて、急がない。副総理、副主席、そういうふうな肩書に収まっていた。それから、華国鋒を、おおやけに批判しなかった。

ボクの想像ですが、たぶん葉剣英と数人の知恵でしょう。国内や海外に、中国共産党の党内で闘争があるという情報が出れば、大変なこと。ですから、そういうことがないように、おおやけには、共産党は統一しているんだと示したかった。
そこで、あまり早く、華国鋒を追い出すとか、そういうことは絶対にしたくない。また「脱毛沢東」（デマオイゼーション）とも、言いたくなかった。時間をかけた。

## 多様な幹部

——この時期の幹部は、文化大革命のときにひき上げられた幹部と、古い幹部で打倒されて復権した幹部と、人民解放軍から革命委員会に移ってきて残っている幹部と、いろんな背景の幹部がいたと思うんです。

**ヴォーゲル**　そう。

——もし急いで、華国鋒を排除したりすると、自分も排除されるんじゃないかって思う幹部が、多かったと思うんです。

**ヴォーゲル**　そうそうそう。

——だから、時間をかけることで、そういった幹部のコンセンサスもつくり出すことができたのではないか。

**ヴォーゲル**　そういうことは、必要でした。もちろん、完全なコンセンサスをつくり出すわけじゃないですね。ある程度は、妥協しないと。完全に賛成ではなくても、自分の将来のために、多少協力しなければならない。

文化大革命で「業務組」だった人びとはだいたい、協力できるわけですね。江青とかと、ほんとに密接な関係をもっていた人びとは、排除するしかない。

**指導者の交替と人事**

**ヴォーゲル**　アメリカの場合、新しい政権ができあがっても、官僚はたいてい、そのまま業務を継続するわけですね。新しい政権の意向に従って、新しい政策を進める。

日本の場合ですと、自民党が政権を失って、民主党が入ってきた。民主党と官僚の関係は、非常にごたごたしてむずかしかったですね。やっぱり自民党と官僚の関係が、密接だったからです。癒着と言ってもいい。

中国も、似たようなことがあったはずですね。毛沢東と林彪とか、江青とかと、あまり密接な個人的な関係があれば、それはやはり、癒着ですから、業務を継続してもらうわけにはいかない。

あと、文化大革命のおかげで上がってきた人びと。これもまずい。結局、そういう人びとは、六六年よりも前の人びとを追い出すために、いろいろ協力したのです。そういう成り上がりの幹部たちは、審査され、排除されて行った。

そういうふうに、幹部の入れ替えが進んでいたが、七八年の三中全会のころは、まあ、業務がうまくできる人びとも、うまくできない人びともいた。

谷牧や、李先念みたいに、毛沢東と一緒に仕事をしてきた幹部たちも、業務組でしたから、多少毛沢東と近くても、だいたいは問題ないんですね。アメリカの官僚みたいな感じですね。

**経済特区**

――あと、特区[*1]というのがあります。特区とは、深圳[*2]とかの、経済特区ですね。

**ヴォーゲル**　はいはい。

――これは、改革開放になってから、急に出てきた言葉なんですけど、どこかに前例があるのか、それともそのとき考えられたものなのか。

**ヴォーゲル**　それは、五〇年代でも、試験的にやる場合の言葉ですね。たとえば、農地改

＊1　特区……経済特区。一九七九年、広東省の深圳、珠海、汕頭と、福建省のアモイの四地区が指定された。外資を優遇する特別法で運営した。

＊2　深圳……香港に隣接する広東省の寒村。特区となり、大都市に急成長した。

革の、試験的な試みをある場所でやる。中国はすごく大きい国なので、いきなり一度にはやらない。ある省に、特定の場所をいくつか決めて、まずそこでやる。うまく行けば、別なところに拡大しよう。なにか問題がみつかれば、手直しして、やり直す。そういうことは、共産党の、常識になっていた。

——なるほど。その手法はもともとあった。

**ヴォーゲル**　そうです、はい。

もちろんその、内容は違います。経済の実験で、新しい政策なんですけれど、ある期間ある場所で、実験をやるということは、ずっと前からの常識だった。

——特区は、いわゆる保税加工区、みたいなもので、税金（関税）を取らない。それから、そこに、外資系の企業が来て、ビジネスをしてもいい。

**ヴォーゲル**　はい。

——で、法律が中国の法律なのか、外国の法律なのか、あるいは契約して新しくつくるのか、ともかく特別な空間である。特区の外側はまだ計画経済で、物流は政府がコントロールしている。

**ヴォーゲル**　そうそうそう。

——で、特区は市場経済である。この点では、よくある保税加工区とたいへん違っていたと思うんですけれども。

**ヴォーゲル**　もちろん共産党は、特区を完全にコントロールしていた。あらゆる人びとが入って、あらゆることをやったんですけども、変わらないのは、共産党がいちばんトップで、力を握っているということだった。

——これは、鄧小平が考えて鄧小平がやれと言ったのか、それとも別の誰かが考えたのか。

**ヴォーゲル**　特区は、一般的な、誰もが考えつく考えだったんですね。たとえば深圳。あれは、鄧小平がやる前の、七八年から始まったんですね。現場の指導者も、よく考えていた。それを鄧小平が、指導者として、よし、と後押しした。だけど、具体的な計画なんかは、彼の前からのものですね。

——なるほど、そうなんですか。

**農業自由化**

——もうひとつ、農村の、生産請負制[*1]（家族請負制）なんですけれども、これは言葉を換

＊1　生産請負制……農家が契約を結び、収穫の一定量を納めた余剰は、市場で売却できる制度。

えると、人民公社を解体する、ということですね。

**ヴォーゲル**　実際に、そういうことになったんです。

――でも、そうは言わないで、請負制という言葉を使った。これは、鄧小平はどれぐらいアイデアを出しているんでしょう？

**ヴォーゲル**　そういうアイデアは、実際には、人民公社の時代に、多少、目をつぶって、黙認されていた。そのやり方を、批判しなかった例がかなり多いと、ボクは聞いた。

――はいはい。

**ヴォーゲル**　そういうやり方が、前からあったんですね。鄧小平だけの特徴ではないと思う。ほかの人びとも、こういうことを考えた。

鄧小平が前々から、そういう政策を実施する考えがあったかどうか、ちょっとはっきりしないんですね。それは、証拠をあげられない。たぶん、考えていたと思う。

――鄧小平は、一切、反対してませんか。生産請負制を、自分で考えたか誰かが考えたかは別として、それに反対したり止めたりということは、一切ないですか。

**ヴォーゲル**　ない。ないんですね。

――いいことだと思っていた？

**ヴォーゲル**　はいはい。試験的に実施して、うまく行けば拡大しようと。

**農民の意欲向上**

――そうすると、しばらくすると、まず、農民にやる気が出ますね。

**ヴォーゲル**　そう。

――それから、農民の所得が増えますね。

**ヴォーゲル**　はい。

――それから、生産大隊や人民公社が、空洞化しますね。

**ヴォーゲル**　人民公社の指導者層は、町の役人になったわけですね。ですから、人民公社や生産隊の、共産党のグループは、存続した。人民公社とはいわないけれど。○○町の行政の指導者、共産党の幹部。人民公社を追い出した、とも言えるんですけども、そういう共産党のコントロールはまだ、続いていた。

――組織はずうっと残ったと。

**ヴォーゲル**　そうそう。

**郷鎮企業**

——そこで、農村の、郷鎮企業[*1]なるものが出てきます。郷鎮企業の実態は、元の人民公社の、サービス部門や工業部門と考えていいですか。

**ヴォーゲル**　そういうケースは、よくあったと思います。新しくビジネスを立ち上げる場合もあったんですけれど、たとえば、トラクターの整備なんかが、小さなグループになって独立した。あと、家を建てる小さいグループとか。人民公社のサービス部門、工業部門などが、独立して起業したのだと思います。

——ですから、それは、集団所有みたいなムラのビジネスだった。で、想像以上にこれが大きくなりましたね、八〇年代に。

**ヴォーゲル**　当時は、国営企業中心の計画経済が、続いていたわけです。国営企業を解体すると、失業問題が大変なことになる。それを尻目に、自由を手にした郷鎮企業が、のびのび大活躍することができた。

アメリカの学者で、バリー・ノートン[*2]というひとが、『グローイング・アウト・オブ・ザ・プラン』という本を出した。非常にいい本だと思うんです。いちばん大事なポイントは、七八年の古い経済構造がずっと続いていた当時、農村の、元の人民公社を母体にした郷鎮企業が、独立して、すみやかに拡大した、その実際を具体的に明らかにしているのです。

**改革開放の成功の要因**

――結果的にみると、改革開放は、非常にうまく行った。ソ連のもたつきに比べて、経済改革は、理想的に進んだようにみえます。これも、計画的なのではなくて、偶然の要素が大きいんですか。

**ヴォーゲル**　そう、ソ連よりも有利な状況がいくつもあった。

ひとつは、香港。香港と深圳は隣り合っているでしょ。ですから、深圳の特区が始まったころ、華僑はいろいろ知恵を出すわけです。そして市場経済をどんどん拡大する。それから、台湾の企業もやってきた。

八〇年代初めごろ、私が見聞きした例ですが、広東省では、ある元人民公社の生産大隊は、香港の企業と契約して、その香港の企業の、重役になる。そういう契約をつくって、

＊1　郷鎮企業……八〇年代に急増した農村の企業。人民公社の経営していた工業・サービス部門が独立・発展したもの。

＊2　バリー・ノートン……Barry Naughton　中国経済研究者。カリフォルニア州立大学サンディエゴ校教授。

共同でビジネスを始めたんですね。香港は八〇年代より前に、工場を振興したのです、中小企業の。だけど、労賃がどんどん高くなって、経営が厳しくなった。ちょうどそのときに、人民公社の生産大隊が、香港の企業と組むことになった。こういうケースは、ソ連にはなかったですね。そういう、香港と台湾の役割が大きい。

香港、台湾は、言語はもちろん問題ない。まあ、広東語と標準語で、少し違いはあったんだけど、台湾には、標準語もできたひとが多かった。ですから、かなりうまくやれたんですね。

## 鄧小平の指導

——まあ、そういう条件があった。でも、そういう条件を活かして、障害を取り除き、利益を大きくするという舵取りを、鄧小平がとても頑張った？

**ヴォーゲル**　実際には、鄧小平がいなくたって、そういうことは出来たと、私は思うんですね。

——そうなんですか。

**ヴォーゲル**　こうした発展の仕組みは、鄧小平の独自の考え方ではないし、別に彼は、新しいことを考えたわけじゃないと思う。

だけど鄧小平が、そういう全国の、指導をしたわけですね。ゴーサインを出した。それはいいことだからやれと。

――そういう、中国の発展にとって必要な、政治的環境、政治的安定を何十年かにわたってつくり出した。

**ヴォーゲル**　そうそうそう。

## 社会主義市場経済

――改革開放の経済システムがやがて、「社会主義市場経済」とよばれるようになります。私はこれは鄧小平が考えた言葉かと思っていましたが、『鄧小平』（本編）を読みますと、そうじゃなくて、江沢民[*1]が考えた。江沢民が考えて、これでいいですかと鄧小平に聞いて、いいと言われたのだそうですが、そうですか。

**ヴォーゲル**　江沢民だけじゃなく、たくさんのひとがそう考えていたと思うんですね、ボクは。ほかにもあらゆる言葉があったんですけれども、どういう言葉を使うか、いろんな話し合いがあった。そのなかで、それでもいいと、彼が、やっと決めたわけですね。

＊1　江沢民……29ページ＊2を参照。

ボクはね、客観的にものを言いたいんです。鄧小平は偉いですけれど、そういうようなことは、別に彼独自の考え方、でもないんですね。大勢のひとが、それに似たことを考えた。彼は最後に、それでいいと決めた。

――なるほど。

「社会主義市場経済」は、大変よくできた名前で、日本でも、中国といえば社会主義市場経済というふうに理解されている。

**ヴォーゲル**　ああ、そうですか。

――理解されていると思うんですが、よく考えてみると、非常におかしい。

**ヴォーゲル**　ハハハハハ。

――つまり、「社会主義」（すなわち、中国共産党の一党支配）と、「市場経済」（これは、マルクス主義の用語では、資本主義と同じ）だから、要するに、社会主義・資本主義なんですね。

**ヴォーゲル**　ハハハハハ。

――共産党の資本主義なんて、いずれ矛盾が明らかになるんじゃないか、まもなく破綻する、って、この言葉が出たとたんに、日本では議論が始まって、もう二〇年以上もずーっと言ってるんですけれども、破綻しない。

**ヴォーゲル**　面白いですね。

——なぜ成功しているのか。今後も成功し続けるのか。どうでしょう？

**ヴォーゲル**　共産党が、市場経済をやる。別にむずかしくないと、ボクは思うんです。もちろん共産党の考え方は、毛沢東時代とかなり違うんです。人民公社とか、国営企業とか、そういうことは、時代が変わって、共産党のなかみではなくなった。

ひとつの問題は、市場経済といっても、実際には、共産党の幹部が企業の実権を握る場合もあるし、私腹を肥やす場合もよくあるんです。私企業といっても、政府と癒着やしがらみが、いっぱいあるんです。共産党のＯＢとかも潜り込んでいるし。

## 明治初期との類似

——日本でこれに類する時期は、明治元年から明治二〇年までですね。そのときには、議会がまだなくて、選挙もなくて、民主主義もなくて、薩長藩閥の「一党独裁」みたいなものでした。でも、経済は市場経済だった。

**ヴォーゲル**　はい。

——で、なにが起こったかと言うと、自由民権運動が起こった。議会を開設しろ。憲法をつくれ。政府も認めなきゃいけなくなって、わずか二〇年しか続かなかった。

もしも、おなじようなことだとすると、自由民権運動が中国には起こらなきゃいけないわけです。なぜ、起こらない？

**ヴォーゲル** うーん。やっぱり、共産党の人びとは、かなり変わってきた。新しい考えも知っている。自分の子どもがビジネススクールで勉強したり、外国企業と合併したり、時代に即応するようにしている。明治時代までは、鎖国だったでしょう。それに比較すると、海外の情報が毎日入ってきているし、共産党は十分な適応力を示しているんですね。

それから、癒着の問題もある。そのこともあって、共産党は権力を手放せない。

――なるほど。癒着の問題は、また、最後のところでうかがうことにします。

# 第6章　天安門事件

江沢民（左）と握手する鄧小平（89年）©AFP＝時事

【天安門事件前後の鄧小平】

鄧小平は、中国の発展を安定した軌道に乗せるため、誰を後継者にすべきか考えた。胡耀邦がまず候補になったが、率直な性格のため敵も多く、政治の自由を求める学生デモの責任をとって一九八七年一月に党総書記を解任された。つぎに候補になったのは、趙紫陽。一九八七年一〇月の第一三回党大会で、趙紫陽が正式に総書記となった。このとき鄧小平は党と政府のほとんどの役職から退いたが、党と国家の軍事委員会主席のポストを維持して、実質的な権限を握っていた。

胡耀邦が一九八九年四月一五日に急死した。これをきっかけに、何十万人もの学生たちがデモに繰り出した。趙紫陽はデモに理解を示し、李鵬《りほう》は厳しく取り締まるべきだとした。鄧小平は李鵬を支持し、趙紫陽は後継者にふさわしくないと考えるに至った。大勢の学生が、民主化を要求して、天安門に座り込んだ。鄧小平は四月二六日に、学生運動を「動乱」と決めつける社説を発表させて鎮静化をはかったが、逆効果だった。五月一五日にゴルバチョフが北京を訪問するため、世界のメディアは中国に注目していた。鄧小平は学生たちを、武力で排除することを決意し、六月四日の天安門事件を迎えた。

全国から一五万人の軍隊が集められ、六月三日の夜から行動を開始した。学生たちは、軍が出動したことを摑んでいたが、学生に向けて発砲するとは思っていなかった。流血の惨事となった。政府発表では死者二〇〇名あまり、海外の推計ではその一〇倍ともいう。政府は学生たちの運動を、「反革命暴動」だとした。学生たちは姿を隠し、少なからぬ学生指導者は海外に亡命した。現場のTV映像に、世界は大きな衝撃を受けた。

鄧小平ら指導者たちは、新しいトップに江沢民を抜擢し、総書記とすることにした。李鵬も指導部に残った。海外からの風当たりは強かった。そのあとベルリンの壁が崩壊し、ソ連や東欧の社会主義政権がつぎつぎ倒れて行ったが、中国は持ちこたえた。経済は一、二年のあいだ落ち込んだが、九〇年代には再び一〇パーセント前後の高度成長を続けることができた。

## 毛沢東思想はイデオロギーか

——ふつう、中国は毛沢東思想の国である、と言います。

毛沢東と言えば、マルクス、レーニン、スターリンに続く存在で、毛沢東思想の本質はイデオロギーだと見てしまいがちです。でも、その毛沢東を継いでリーダーになった鄧小平が、大胆に改革開放政策を進めるのに、あまり大きな障害がなかった。毛沢東思想を掲げる中国共産党は、イデオロギーに縛られているのかいないのか。

**ヴォーゲル**　六〇年代から私は、香港の避難民を聴き取り調査したことがあって、幹部も数人いました。その幹部が言うのには、イデオロギーはやっぱりどうでもいいと。

――イデオロギー、どうでもいい？

**ヴォーゲル**　どうでもいい。原則としてそれらしいことを口にしますが、実際の政策は、あまり関係ない。実際にイデオロギーは、宣伝のためとか、若い幹部に対する教育とかには必要だが、実務では、政策のなかみが大事であると。

### 政権の安定

――イデオロギーは大事でない。二番目、三番目であると。

じゃあ、いちばん大事なのは、何なのでしょう。

**ヴォーゲル**　五七年ごろ、毛沢東が強調していたのは、近代化と、統制。その二つだと思う。

――統制、とは、政府が安定していて、国民をコントロールし、秩序をつくり出すことですか。

**ヴォーゲル**　そういうことですね。

人びとに、反感もないし、政治闘争もない。中国共産党は政府を指導して、安定した秩序をつくれる組織であると。

――それにしては、文化大革命の一〇年は、その正反対だったみたいですが。

**ヴォーゲル**　ハッハハハ。

毛沢東の考えはね、長期的な安定した政府をつくるためには、変化が必要だと。官僚は権力をもつと、国民を忘れる。安定した政府はできないと。だいたいそういう考え方だと思います。

――なるほど。それは一理ある。

## 党内の意見の相違

――八〇年代に鄧小平は、政治的にまずいからこのグループは排除しよう、さもないと長期的な安定はないんだっていう、毛沢東みたいなやり方をとったでしょうか。

**ヴォーゲル**　鄧小平は、毛沢東の革命的なやり方(階級闘争路線)は、間違いだと思っていて、七六年に毛沢東が亡くなってからは、自分の考えを表に出すようになった。

特に三中全会のあと、鄧小平は自分の方向をはっきり打ち出して、安定した態勢をつくろうとしました。

五六年の第八回党大会では、鄧小平が中心となって、秩序ある経済発展の路線を決めました。製造業に就きたいと言う党員がいて、鄧小平はもちろんそれを大いに支持した。ところが五七年から、毛沢東が、その路線を外れ始めた。七七年にやっと、五六年の路線に戻ろうという人びとが現れた。鄧小平は、そんな人びとを重用する考えでした。そういう発想だと思いますね。

——なるほど。

**コンセンサスの形成**

——鄧小平の考え方だと、中国共産党のなかに、考え方の違いや路線対立があっても、排除しない。政治闘争もしない。でも、選挙もないわけですから、どうやって合意形成をはかればいいと、考えていたんでしょうねえ。

**ヴォーゲル**　民主集中制[*1]ですね。指導者が、なるべく多くの人びとの意見を聞いて、決めるわけです。意見が正しいと思えば、そのようにやる。そうじゃないと、自分の判断で方向を決める。いちばんトップの指導者は、全体の方向を決める責任があって、それが決まれば、下の人間はそれに従う、という原則なんだな。

けれどもその前に、あらゆる調査が行なわれる。実際の状況を、調べるためにひとを派遣したり、話を聞いたりして、選挙ではないですけれど、まあ、民主主義的な方法で、決めていく。一線で実務にあたる人びとの気持ちと、状況を、研究する。そういうことが必要だという考え方です。

――まとめますと、二つですね。ひとつは、調査。現実に立脚する。データを集めて、実際はこうだという、説得の根拠を手に入れる。

**ヴォーゲル**　はい。

――もうひとつは、ブレーンでしょうかね。専門家の意見をよく聞く。専門家のグループに、政策のもとになるようなものをつくらせる。

**ヴォーゲル**　信頼できる専門家の、話を聞く。専門知識だけではなく、政治の判断に結びつく問題を、よくわかっている人びとの意見を聞く、と。

――なるほど。そういう政治手法は、毛沢東に比べると、ずいぶん科学的で、合理的な気がします。

**ヴォーゲル**　そうそうそう。

＊1　民主集中制……共産党の組織原則。下級は上級に従い、上級の決定が下されたあと自由な討論は許されない。

**景気の過熱**

――八〇年代の中国は、改革開放の先行きも不透明で、制度も混乱し、急にインフレになったり、もうふわふわしていたような気がします。

**ヴォーゲル**　それほど、インフレの問題はなかったような気が、ボクはしますね。八八年の夏は大きいけれども、その前はそうでもない。陳雲は、堅実な経済運営を心がけ、着実に一歩一歩、軌道からそれないように、発展をコントロールしていた。

――私が中国を最初に訪れたのは、八八年ですが、感じたのは、非常な熱気です。人びとのあいだに、知識人も一般のひとも、都市のひとも農村のひとも、いままでと違ったなにか新しいことが起こる、自分もそこに参加するんだ、みたいな、旺盛な好奇心とか、いろいろな金儲けのチャンスとか、ムンムンした熱気を感じました。

**ヴォーゲル**　おっしゃる通り、八八年は、ほかの国の民主化運動も起こったりとか、八七年の第一三回党大会のあと、趙紫陽が新しいことを考えようとしていた、そういう時代だったんですね。

**官倒爺**

――しかし当時は、経済のルールがはっきりしなかった。

小さな例で言うと、タクシーに乗るとメーターがない。いくらなのかの交渉が大変だった。タクシーが金儲けできるというので、うらやましがられていた。「兌換《だかん》券*1」は、人民《レンミン》幣《ビー》との交換レートが正規と闇とで違うから、チェンジマネーの違法なお兄さんのブローカーがホテルの周りにたむろしていた。物資も、計画経済の公定価格と、市場価格が違いますから、不正な方法で儲けを手にする人びとが続出した。官倒爺《グアンダオイエ》*2ですね。混乱と不公平が渦巻いていたと思うんです。

**ヴォーゲル** 私がときどき使っている言葉は、原始資本主義*3。そういう時代だった。

市場開放と言っても、みんな勝手がわからないし、法律もないし、指導者もあまり経験がない。そこで、軌道に乗るまで時間がかかるわけですね。アメリカの一九世紀の、西部劇みたいな、乱れている社会という感じですね。中国は、歴史が深いけれども、ちょっと似てる現象があった。八〇年代の終わりのほうは、改革開放の副作用が、いちばん目についた時期だった。

＊1　兌換券……外貨兌換券。改革開放の初期、外国人は人民元の使用ができず、代わりに外国人専用の兌換券の使用が義務づけられた。
＊2　官倒爺……公定価格と市場価格の差を利用し、国営企業の財を横流しして儲ける官僚。
＊3　原始資本主義……資本蓄積のため、過酷な労働搾取が行なわれる、資本主義の初期段階。

中国はすごく、大きいんですね。北京で決めても、地方はどうすると。中国の言い方ですが、天は高い、天は遠い。地方では、自分で決める。北京にいる官僚は、十分に地方を統制できないのです。

**なぜ八九年なのか**

――そんななか、天安門事件が起こります。

改革開放の時代を、希望をもって生きる、幸せなひともたくさん出てきたでしょうが、不満をもったり、志がとげられなかったり、困窮するひともたくさん出てきた。あちこちで、社会の矛盾が深まって行った。そのときに、どうして学生が急に、「民主」を合い言葉に、運動を始めてしまったんでしょう。

最初は、胡耀邦[*1]の追悼みたいなことだったようですが。

**ヴォーゲル**　どんな国でもそうですが、学生が敏感に、ほかの人びとが考えていること、心配していることを代弁する場合に、学生運動は強くなるんです。

アメリカのベトナム戦争反対運動もそうです。もしも年配の人びとの大部分が、ベトナム戦争支持だったら、学生運動は大したことにならなかった。日本の学生運動も、そうでしょう。六〇年の安保反対。もしも中高年の人びとが安保賛成なら、学生運動は拡がりをもたなかったはずです。

天安門の学生たちは、じゃあ、何を代弁していたのだろうと。社会にはどういう問題があったかと。八八年の夏、インフレはかなり昂進した。給与生活者は、けっこう大変だったんですね。自由を与えられた農民は、所得を増やすチャンスがあったが、都会の俸給生活者は、物価の上昇で生活が苦しくなった。これからどうなると、将来を心配します。八八年に、それまで統制していた価格を「放す」（管理をやめる）ことにしたのです。それで人びとが、不安になった。不満、心配、恐れ、矛盾が、社会にあふれた。

**「民主」を求めるヴォーゲル**　学生は、海外の情報に影響を受けます。フィリピンでは、一九八六年に、「ピープルズ・パワー」革命が起きて、マルコス大統領は失脚し、アキノ政権[*2]が誕生し

＊1　胡耀邦……中国の政治指導者（一九一五―一九八九）。一九八〇年、党総書記。八七年失脚。八九年、心筋梗塞で病死。

＊2　アキノ政権……暗殺されたベニグノ・アキノ議員の妻コラソン・アキノは、民主化を求める民衆の支持で大統領選挙に当選、政権の座についた。

た。ソ連では、ゴルバチョフ[*1]のペレストロイカが進行していた。それまで確固としているかにみえた政治の枠組みが、揺らぐ予感があったのです。

もうひとつ、当時の学生の不満は、就職の自由がなかったことですね（分配制[*2]）。入学すると、寮に政治指導員がいて、学生の思想や素行を調査した。これが、卒業してからの配置先に、反映するのです。政治指導員は知識階級ではなく、学生との関係が悪く、嫌われていた。学生は、自分の将来を自由に決めたいと望んでいた。

――なるほど。

まとめると、まず学生自身に日常の不満が、多くあった。自由がなかった。つぎに、社会の支持があった。インフレや、先行き不安や、改革開放の行き過ぎや問題点を心配する声が強かった。さらに、海外の情報。ゴルバチョフの登場で、社会主義にも変化の兆しが感じられるようになっていた。

**ヴォーゲル**　そうですね。

## 外国の陰謀

――天安門事件に、共産党はかなり強硬に、対応したんですけれど、『鄧小平』（本編）によれば、当時、陰謀論が囁かれていたとあります。誰か黒幕がいて、学生たちをけしかけているのだと。それは、共産党の指導部が、外国の黒幕がいると確信した、という意味か、それとも、一部の人びとのあいだに、黒幕がいるかもしれないという噂が広まった程度のことなのか。

**ヴォーゲル** 学生の抗議運動を、指導者は国の代表としてどう説明したらいいか、なんですけれど、やっぱり外国の悪い奴が陰謀を企んでいる、そのせいだ、自分たち指導部には間違いがない、という説明はわかりやすいのですね。

鄧小平自身も、八八年から八九年五月までの時期に、三つの間違いがあったと、ボクは思うんですね。

――三つの間違い?

**ヴォーゲル** はい。ひとつは、八八年の価格統制の撤廃。それまで主要な物資の価格が決まっていたのに、市場で、価格が自由に変化できるようにした。その結果、市場の反応があまりに激しくて、一週間もしないうちに、それはやめた。

＊1 ゴルバチョフ……Горбачёв 1931– ソ連の政治家。一九八五年、共産党書記長。改革(ペレストロイカ)を推進し、初代大統領に就任。ソ連解体とともに辞任。

＊2 分配制……中国では、就職したい学生の希望、成績、出身地、求人側の要求などを考慮しながら、政府が就職者を企業に「分配」していた。

そういうことは、七八年から当時まで、あまりなかったことですね。新しい政策をすぐやめるなんて。これは鄧小平が間違った。はっきり間違えた。インフレがないときには価格統制の撤廃ができますけど、インフレがあると、価格統制の撤廃はできない。経済学者もそう言っています。

## 社説は逆効果

**ヴォーゲル**　もうひとつは、八九年の四月、二四～二五日ですね。趙紫陽は北朝鮮に行って、李鵬[*1]が北京にいた。鄧小平は李鵬を呼んで、人民日報の社説に、学生たちに対する警告を書かせた。警告で学生たちが、おとなしくなるだろうと予想したのが、反対に、むしろ学生たちは態度を硬化させた。

――逆効果だったわけですね。

**ヴォーゲル**　逆効果。運動がむしろ大きくなった。完全な読み違いです。

## 部隊が市民に阻まれる

**ヴォーゲル**　三番目は、五月二〇日ですね。部隊に、天安門まで進出するよう、命令を出した。このとき鄧小平は、国民がどれほど反撥するか、全然わかっていなかった。反撥はものすごく強かったんですね。出動した部隊の、準備は足りないし、連絡も十分でない。反撥した市民が行く手を遮《さえぎ》って、部隊を立ち往生させた。部隊は、武器も持っていない。五月二二日には撤退命令が出て、部隊は引き返した。この間の動きは、たいへんまずかったのです。

以上の三つは、鄧小平が、間違ったと思いますね。

——はい、おっしゃる通りだと思います。

**なぜ武力を用いた**

**ヴォーゲル**　あとひとつ、大事な疑問は、ある中国の友だちの言い方なんですが、鄧小平はどうして、「ひとを少し殺してもいい」と思ったのか。

たぶん鄧小平は、当時の中国の政治の状況をみて、こう思った。指導者が強くないと、ちょっとでも弱みを見せると、人びとは勝手に行動するようになる。それを統制し、安定した政治を進めるために、指導者は、強さを誇示しなければならない。弱みを見せては危ない、と。

＊1　李鵬……中国の政治指導者（一九二八—　）。一九八七年、政治局常務委員。八八年、総理。

八六年に、鄧小平は経済改革と並んで、政治改革も進めるよう党内で研究をさせていたのですが、折から海外の動きに刺戟《しげき》された学生運動が高まり、それを胡耀邦が抑えられなかったというので、胡耀邦の更迭も決めていた。そのころから、政治改革は先送りにしたほうがいい、という判断に傾いていたのです。

——なるほど。

**ヴォーゲル** 中国でよくあるのですが、役人が中央から地方に行くと、威厳を見せつけるために、なにか目立ったことをやる。自分が強くて恐ろしいと、みなにわからせるためです。さもなければ、秩序が乱れてしまう。天安門事件も、似たようなところがあるのではないか。ある中国の友人の解釈です。合理的な意見だと思う。

——わかりました。

以上をまとめると、鄧小平には、いくつか間違いがあった。そして、鄧小平が実力で、学生から死者が出てもいいと思うようなやり方で鎮圧したのは、それが必要で、政治的効果があるからだということですね。

**ヴォーゲル** そう。仕方がない。そういうことはやりたくないけれども、国を考えるならば……彼のロジックは、個人的なロジックではなく、全国を統一するためのロジック、なのですね。

**弾圧の功罪**

**ヴォーゲル**　われわれ西洋人は、相手が、悪いことをすると罰する。悪いことをしなかったら、罰しない、という考え方です。

いっぽう、鄧小平と共産党のロジックは、相手が、悪いことをしそうになったら、その前に罰する。危なくて、なにかことが起ころうとした場合。彼が悪いことをしたかどうかは関係ない。悪いことが起こらないために、それは必要だと。

そこで、なになに記念日の一週間前に、怪しい人びとを集めて、拘置所に放り込んだわけですね。それは、アメリカのわれわれのロジックでは、けしからんということになる。民主主義に反し、人権に反し、不法で、悪いと。でも、鄧小平は、全国の秩序を考えている。全国の秩序を守るために、ときどきひとを犠牲にしなくちゃならない。というロジックの犠牲者が、天安門の学生たちである。そういう考えだと、私は思う。

――予防のために、行なったと。

**ヴォーゲル**　そうそう。

――政治的効果がプラスであれば、手段はマイナスでもいい。という考え方ですね。

**ヴォーゲル**　必要だと。しようがない。

――考え方はわかります。でもそれだと、鄧小平を「理解」しすぎではないかと、文句が出るでしょうねえ。

**陰謀だと信じた?**

――確認ですけれど、そうすると、鄧小平は、外国の陰謀があると、信じていたとは言えないですね?

**ヴォーゲル** それは、証明することできないですね。

――なるほど。

**ヴォーゲル** 私は、鄧小平はもっと鋭いと思います。外国の陰謀はいちばん大事だと、思ってないはずですね。彼のもとには、外交関係など、あらゆる情報も入っている。けれども、政治指導者の一部とか、宣伝部門の担当者のなかには、そう信じたひともいたかもわからない……。

――政府や党のなかには、陰謀説を、信じていたひともいた?

**ヴォーゲル** いたはずですね。

――でも鄧小平は、信じていたかどうかわからない。たぶん信じていなかったろう?

**ヴォーゲル** 私はそう思いますね。

——私もだいたい同じ意見です。

「外国」って、はっきり言えば、アメリカでしょ?

**ヴォーゲル**　えーっと、アメリカだけではなくて、まあ、ヨーロッパの各国とか。

——中心になるのは、アメリカの諜報機関っていうことですね。

**ヴォーゲル**　でしょうね。

## 学生運動と諜報機関

——私が思うに、CIAをはじめとするアメリカの諜報機関が、中国の改革開放について情報を集めるのは当然です。八〇年代の終わりに学生運動が起こって来たら、新聞記者とか大学の先生とか、留学生とかのなかにまぎれ込んでいるCIAの協力者から、情報をとる。でもそれは、通常の情報活動であって、けしかけるとか、陰謀とかっていうのとは違うと思うんですね。

**ヴォーゲル**　でしょう。

もうひとつ、大金持ちの、ソロスという人物が[*1]、多少、援助したのです。そこで、CIAのほかに、ソロスについてもいろんな話があったんですね。実際に何をやったかわからないけれども、多少、彼に疑いがある。

——ふうーん、なるほど。

日本の学生運動にも似たようなことがありました。六〇年安保反対の学生運動に、右翼の大物から資金が出ていたのは、有名な話です。それから、学生運動のリーダーがそのあと、どういうわけか、みんなアメリカに留学したということがあった。

**ヴォーゲル**　ハハハ。

——これは、なにかアメリカとつながりがあったのかもしれないと考えられるのですが、証拠がありません。

学生はみんな自分で運動しているつもりでも、資金なんかありませんから、こっそり誰かから資金提供を受けた可能性はないとは言えない。

## 開放と精神汚染

**ヴォーゲル**　たしかにアメリカでは、中国はもう少し自由であるべきで、学生運動はいいことだ、という考え方はあった。別にアメリカ人がコントロールするどうこうという話ではないが、自由を求める学生をサポートすべきだと思った人びともいたろうと思います。

——それはねえ、改革開放すればいろいろな情報が、入ってくるわけで、当然、影響を受けるひとが出てくる。その範囲内のことですね。

天安門事件の本質を、陰謀と考えたり、それから鄧小平が陰謀を信じて、武力弾圧をしたと考えたりするのは、本質を見失うと、私は思います。

**ヴォーゲル**　どうして学生たちは、過激で強硬になったか。鄧小平は、それが陰謀だとは思っていなかった。習近平は、やっぱり外国の影響が強かった、海外の考え方のせいだ、と言っていますね。

鄧小平も、八〇年代に、二、三回、ブルジョワ精神汚染[*2]のことを心配した。それは、本気だったと、私は思うんですね。ほんとにそういう思想はだめだと。外国人が直接に働きかけるのでなく、間接的な影響であっても、それは危ないと、彼は危惧していたと思います。

＊1　ソロス……George Soros 1930–　アメリカの投資家。ヘッジ・ファンドで巨富を得る。社会貢献の分野でも活躍。

＊2　精神汚染……西側世界の価値観に影響されて、社会主義の原則が揺らぐ危険のこと。

## 政治改革の検討

──時間を少しさかのぼりますが、一九八六年九月に、趙紫陽とか胡啓立とかいろんな人たちが、「中央政治体制改革検討小組」というのをつくって、その下に、「政治体制改革弁公室」を置いた。鄧小平も、部下に命じて、経済改革と並行して、政治も改革が必要ではないかと、検討させてみたのですね。

**ヴォーゲル**　政治改革が必要だと思ったひとも、党内にいました。鄧小平自身も、組織の効率を高めるため、多少、政治改革の必要を感じていた。経済の発展のために、共産党と政府の権限が重複するのを整理して、もっと仕事の能率を高められないか、とする考えがあったわけです。でも、ほんとに政治的自由を拡大しようとか、そういうことは思っていなかった。いっぽう、胡耀邦や趙紫陽みたいに、もう少し人びとの政治的自由が必要だと思ったひとも、多かったわけですね。

──政治改革をして、もう少し自由が必要だと思っていた人びとの、頭の中身なんですが、どこまで考えていたんでしょうか。そのうち共産党が、国を指導するのをやめましょう、とまで考えていたのか。

**ヴォーゲル**　考えていても、言わないですね。

――考えていても、言わない？

**ヴォーゲル**　ええ、言わない。

――じゃあ、提案にならないですね。

**ヴォーゲル**　それは、提案にならない。ただね、外国のことを勉強する。そこまでは行きました。

## 外国の例に学ぶ

**ヴォーゲル**　中国のいい点は、なにか新しい政策をつくるために、あらゆることを研究することです。厳家其[*1]というひとがいて、外国のことを、よーく研究したんですね。自分が何を目指しているかとは、言わない。でも、研究すること自体は、許された。

広東省の元の書記、任仲夷は、すばらしい男でね。彼は退職してから一五年、八〇年代終わりのころに、こう言った。われわれは経済特区をつくった。どうして、政治特区をつくらないのか。

＊1　厳家其……中国の学者（一九四二―　）。一九八五年、中国社会科学院政治学研究所所長。八六―八七年、政治体制改革弁公室に勤務。天安門事件ののち、フランスに亡命。

——おお。

**ヴォーゲル**　そこまで言ったんだなあ。なにを心配することがあるかと。胡耀邦ももちろん、もう少し自由な発想でものを考えてみようとした。党の指導部のなかにも、政治的な自由化を進めようと、思ったひともいたのです。

## 流血の天安門

——さて、結局、六月三日から六月四日にかけて、いちど引き返した軍隊が、今度は武装して一五万人で戻ってきた。学生たちは天安門から追い出されてしまい、流血の事件になった。これには、外国は大変ショックを受けて、アメリカをはじめ多くの国々が、中国と少し交流をストップしよう、抗議をしようと制裁を決めた。こうして、二、三年、交流が停滞したと思います。

**ヴォーゲル**　われわれ外国人だけでなくて、学生も、大きなショックを受けました。そういうことをするか。政府がひとを殺すのかと。流血の惨事になるとは、思わなかったのですね。当時の学生にいろいろ話を聞いても、自国の軍隊、解放軍の兵士が、首都の真ん中で、人を殺すとは思わなかった、と言っていました。

——それは大変なショックだったと思います。

そのころ私は、日本にいる中国人留学生に友人が多かったのですが、みな一様にショックを受け、将来を悩んでいました。

その傷跡が癒えたのかどうか。中国はその後も、経済が発展して国が大きくなっていきました。人びとは、日本流に言うと政経分離なのでしょうか、経済が発展しても、政治については何も発言しないでおこうという、あきらめみたいなものが定着したかなと思います。

**ヴォーゲル**　ある学生は、民主主義の国が欲しくても、いまのところ何もしないほうがいい。なにかしても、完全に失敗に終わるだろう。自分の仕事や将来に、専念しているほうがいい、と言いました。そういう反応が一般的でしたね。

## 民主から愛国へ

**ヴォーゲル**　鄧小平の目から見ると、国は少し落ち着いた。それは、一時的なものかもしれないけれども、成功だとは思いますね。

――それは私も、認めるんです。そのあと似たような、あるいはもっと大規模な、事件はほとんど起こってなくて、二〇年以上安定しているわけですから……。

**ヴォーゲル**　そうですね。

――ただし、ニヒリズムというべきか、自分さえよければいい、というような態度が蔓延することになったのではないか。

五四運動[*1]このかた、中国の学生は、自分個人のことはさて置いて、中国のため、人民のため、祖国のために、全力で尽くし、努力していくんだという、そういうひとが沢山出てきていたのに、いなくなってしまった。

**ヴォーゲル**　そういう面もありますね、おっしゃる通り。

もうひとつは、外国の制裁。

民主化の運動に参加していた学生も、外国に反対する気持ちがあったんですね。愛国主義の心情があって、政府はそれをうまく使った。外国の制裁はダメだと。いま経済的に苦しいのは外国のせいだと。政府のその、愛国主義の宣伝は、多少、成功したんですね。

――なるほど。

**ヴォーゲル**　たとえば、オリンピック。オーストラリアで開くか、北京で開くか。学生はもちろん、北京でやってほしい。で、政府の宣伝のやり方は、外国の圧力は民主主義がないとかいろいろな理由をつけて、オーストラリアにしましょうとなっていると。中国の学生は政府の宣伝で、われわれのオリンピックができないのは、外国のせいでけしからん、と。

——うーん、なるほど。

八〇年代は、中国と日本のお互いに対する感情が非常によかった時代でした。日本には中国ファンが大勢いて、中国語を勉強しようとか、ブームだったんです。

でも九〇年代になってから、それが急に冷え込んで行った。中国側では、江沢民の「反日教育」[*2]なども始まって、いまお話のあった方向に、誘導が進んでいきました。

**江沢民の抜擢**

——江沢民の名前が出ましたので、天安門事件をきっかけとする、政治の変化についてうかがいたいと思います。

胡耀邦はその前に死んでいて、天安門事件を境に今度は、趙紫陽が失脚してしまいました。その直前まで、趙紫陽が後継者になるはずだったんですよね？

**ヴォーゲル**　そうだと思いますね。第一三回党大会はやっぱり、趙紫陽の準備の大会と言ってもいいと思います。

＊1　五四運動……一九一九年五月四日、日本の対華二十一箇条要求に反対して全国に拡がった学生運動。
＊2　反日教育……江沢民は一九九四年、「愛国主義教育実施綱要」を通知した。

――あと、趙紫陽が北朝鮮に行く直前に、鄧小平は、戻ってきたら中央軍事委員会主席[*1]にするとまで話しているわけですから、完全な後継者ですよね。

ところが、その、天安門事件の処理をめぐって、趙紫陽は完全に、信頼を失ってしまった。

**ヴォーゲル**　たぶんね、ちょっと前に、鄧小平は、自信がなくなったと思うんですね。趙紫陽が北朝鮮に行くとすぐ、鄧小平と李鵬は、警告の社説を書くことにした。趙紫陽の考え方と違うんですね。鄧小平は学生に対して、強い態度を示すべきだとした。趙紫陽は十分にそういうことをしなかった。弱いと。

――なるほど。弾圧を前に鄧小平は、すかさず、新しい顔が必要だということで、上海にいた江沢民を引き抜いて、中央のトップに座らせるという、荒療治をしますね。

**ヴォーゲル**　はいはい。

――そして、李鵬を残しましたね。

で、李鵬には、新しい顔が必要だから、お前は昇進しないんだ、みたいに言って……

**ヴォーゲル**　そうそうそう。

――そのままで、江沢民はその上に来た。

**ヴォーゲル**　はいはい。

**李鵬はなぜ留任した**

――李鵬を残したことについて、『鄧小平』（本編）に書いてあって、なるほどと思ったのは、天安門事件の弾圧の当事者である李鵬が、新しい執行部に残ると、事件の「見直し」が起こらない。

**ヴォーゲル**　はい。古い指導者たちにとって、李鵬はお利口。彼らの話をよく聞くんですね。彼らの言うことは、悪いことでも、李鵬はやりますと言う。やっぱり、われわれ老人の話をきく男だから、そういう人間が、ま、必要だと。

李鵬はそのあと、日記を書いている。その日記のいろいろな箇所で、天安門事件で学生を抑えるのは、自分の考えではなく、鄧小平自身がやったと。ですから、鄧小平の家族は李鵬に対して、あまりいい気持ちをもってないんですね。

――責任逃れ、ってことですか。

**ヴォーゲル**　そう。

＊1　中央軍事委員会主席……中国共産党の最高軍事指導機関のトップ。人民解放軍に対する統帥権をもつ。

――うーん。その日記を書いた動機は、後世の歴史家とか、誰かに見せよう、みたいな政治的な意味の日記なんですかね。

**ヴォーゲル**　中国の文化では、死んでから、いいことを書いてほしいものなんです。

――はい。

**ヴォーゲル**　自分のために、いい記録を残したい。毛沢東も、そう。だいたいの指導者は、そうなんです。

――ま、わかりますけど、歴史家にとっては迷惑だし、それから、科学的に真実から遠くなってしまうのは困ります。

**ヴォーゲル**　そうそうそう。

――そう考えると、岸信介[*1]なんかは立派なものですね。日米安保条約の改定は、日本国民のためになる。だからどんな反対があっても、右翼に刺されても、それを断固やりとげて、どんなに評判が悪くても、意にとめなかった。最近、評価が高まっています。

**天安門事件の評価**

――さて、天安門事件にはさまざまなマイナスがありました。手段もよくない。人命も失われた。外国との関係もまずくなった。しばらく景気も停滞したり、いろいろありました。

では、プラスの面は、あったのか。まあ、考えにくいんですけど、もしかしたらものすごく大きなプラスがあったかもしれない。もしあそこで弱腰で、趙紫陽みたいな路線で、中国の政治指導部が分裂したり、政治的混乱が拡大していたりしたら、必ず内戦になったのではないか。

**ヴォーゲル**　そうでしょう。

——内戦になれば、天安門事件とはケタ違いの大量の犠牲が出ると思うんですね。……そういう見方については、どう思いますか。

**ヴォーゲル**　それは言えるんですね。

学者は、事実はこういうことだったと、そういうことは言える。もしそれが違ったらどうなったかということは、まあ、学者として、言うことができないんですね。ですからボクは、考えられるということしか言えない。

——証拠はないので……

＊1　岸信介……日本の政治家（一八九六—一九八七）。東條内閣の商工大臣。戦後、A級戦犯容疑者。一九五七年、首相。弟に佐藤栄作、孫に安倍晋三。

**ヴォーゲル**　証拠はないから、どうなったかわからない……。

——つまり、この件に関する、鄧小平の評価はむずかしいということですね。もしかしたら、非常に、プラスのことをした可能性がある。

**ヴォーゲル**　もちろん、天安門事件のあとは、まあ、安定した政治をやったと。そういうことがなかったら、安定していなかったかもしれない。

## アメリカとの類似点

——なぜそう思うかと言うと、私は、中国とアメリカはよく似ていると思うんです。

**ヴォーゲル**　どうして、どういうこと?

——アメリカは、真っ平です。広いんです。潜在的にはヨーロッパ。だとすれば、五つや一〇の国ができて当然なんです。もしそうなったら、必ず戦争になります。ですから戦争を防ぐためには、「ユナイテッド・ステイツ」にならなければならない。

これが一度崩れかけて、南北戦争《シビル・ウオー》が起こってますね。

中国は、内乱《シビル・ウオー》だらけです。で、平らなんです。そこには、三つや五つや一〇個ぐらいの国ができあがるんですけれど、中国共産党はそれをひとつにしていて戦争を抑止しているわけですから、これに対する挑戦がもしあれば……

**ヴォーゲル**　説得力がありますね。

ボクは学者として、「考えられる」とまでは言えますけれども、もし橋爪さんが自分の考えを書きたかったら、どうぞ。

——いやいや、ヴォーゲル先生の反対がなかったということで、十分です。

**ヴォーゲル**　反対ではないけれども、ボクはそこまで、言いにくいんですね。やっぱり、いろんなことを考えて……まあ、あらゆる可能性があったと、私は思うんですね。ある指導者がほかの指導者と連携したりして……。

で、江沢民はかなりうまくやったと、私は思うんですね。

——はいはい。

**ヴォーゲル**　思ったよりも。やっぱり、政治の動きがわかったわけですね。

——彼は、非常にむずかしい立場ですよね。もう、リリーフ・ピッチャーですから。

**ヴォーゲル**　はいはい。ですから、かなりうまくやったと。

——うーん。なるほど。

# 終章　これからの中国

左から、習近平、江沢民、胡錦濤　©EPA＝時事

## 中国生き残りの秘密

——全体のまとめとして、いくつかうかがいたいです。

まず、改革開放を進めた中国についての、歴史的な評価なんですけれども。

私はこういう疑問をもちます。二〇世紀、ソ連、東欧、中国、いくつかの国で社会主義が試みられて、ずいぶん大きな出来事だったと思うんですけれど、冷戦が終わったあと、ほとんどすべてなくなってしまいました。中国だけが改革開放をへて、「社会主義市場経済」というかたちで、現代世界に適応して、存続していると。これはとても、興味深いことだと思うんです。

**ヴォーゲル**　ベトナムも同じじゃない?

——ベトナムも。はい。

中国に話を限っていいんですが、中国はなぜ、ポスト冷戦の時代に、解体しなかったんでしょうか、社会主義体制が。

**ヴォーゲル**　まあそれは、ひとつには、経済成長がものすごく速かったことですね。八〇年代に、みんな生活がよくなった。もうひとつは、阿片戦争以来、この国を統一するのがむずかしいとわかっていること。政治が乱れ国が分裂している状態では、ダメだと、誰もが骨身にしみてわかっている。多くの人びとがこのふたつを認めているから、中国共産党が支持されているのだと思うんです。

——なるほど。

**ヴォーゲル**　あと、もうひとつ、宣伝のやり方。宣伝を、かなりうまくやった。

——宣伝？

**ヴォーゲル**　はい。うまくやったんですね。

**単位制度**

——私が注目したいのは、「単位」[*1]。中国の、単位制度というものなんです。ソ連はソヴィエトですが、中国には、「単位」というものがある。単位がいつから始まったかというと、延安とか、革命戦争の時期だった。

**ヴォーゲル**　はい。

——そのやり方が、農村の解放区に取り入れられ、解放後は、都市部の、企業や事業所

＊1　単位……都市部では個々の事業所が「単位」に編成され、労働者や家族の人事・住居・教育・医療・年金・福利など、生活全般をコントロールした。

がすべて単位に編成されて、党がコントロールするようになった。農村は人民公社。農村以外は、国中が全部、単位になった。

**ヴォーゲル**　単位というと、ユニット?

――はい。英語では、ワーキング・ユニットですね。

単位には、必ず党の人間がいて、書記がいて、事業体をコントロールしているわけですね。これが中国独特で、中国共産党の一党支配を支えているんじゃないか、というのが私の考えなのですが、どうでしょうか。

**ヴォーゲル**　そういうやり方はそれほど、めずらしくないと、ボクは思いますけれども。中国の場合、香港、台湾があって、市場経済の経験をもっていて、中国と世界を媒介した。その役割が大きい。アメリカの華僑や中国系の学者が、改革開放の政策を助けたりとか。また、沿海の地方の交通の便は、東ヨーロッパとは比較にならないですね。これらの要因のほうが、もっと大事かな、と私は思いますね。

## 開発独裁なのか

――中国の改革開放はいまのところ、政治権力の統一によって、経済の発展を推し進める、というパターンで、これはいわゆる「開発独裁[*1]」と、似ていると思うんですね。

**ヴォーゲル**　そう。

――そういうところは、たしかに中国にあります。

でも、開発独裁だとすると、韓国や台湾のように、ある段階で、民主化していくんですね。でも中国の場合、民主化しそうにない。開発独裁ではあるとしても、開発独裁を超えた要素もあるんじゃないでしょうか。

**ヴォーゲル**　うーん、この点をめぐっては、いろんな考え方がありえますねえ。

われわれ西洋人が前に考えたことは、おっしゃる通りですね。まず、産業の発展をはかり、経済成長を進める。すると、民主主義の国になり、独裁的なやり方をやめる、と。

中国はいままでのところ、そうなっていませんね。

どうしてかと言うと、ひとつは、まあ、国が大きい。統一するのは、大変なので、権力が民主化して統制がとれなくなることを、人びとが恐れている。

もうひとつは、指導者が、中国の経済成長を進めるのに、かなりうまく舵取りをしたんですね。指導者がなかなかの手腕をもっているので、人びとの信頼をえている。

＊1　開発独裁……途上国が急速な近代化を進めるため採用する、独裁的な支配体制。

**習近平の正念場**

**ヴォーゲル**　けれども将来は、問題はまだ大きい。もっと民主主義の国になる可能性が大きいと、私は思います。

歴史がもう終わったと、言えないんですね。いままでは、かなり成功したと言える。けれどもいまは、腐敗問題が大きい。

——ええ。

**ヴォーゲル**　日本は、高度成長から低成長時代に入って、全社会が平等化した。それから教育水準が高いし、医療制度も充実している。

中国は、そういう条件をまだ、持っていない。今後、高度成長から低成長の時代に入ると、むずかしい問題がいっぱい出ると思うんですね。私の目から見ると、いまの習近平はかなり、必死になっている。

——はい。

**ヴォーゲル**　必死になっているので、自分は強いぞと、虚勢を張っている。心のなかは、いろいろ心配も多い。

——なるほど。

## 深刻な腐敗

――中国のチャレンジについて、順番にうかがいましょう。

まず、経済発展が、まだ一部に偏っているので、国全体にそれを押し広げなければならない、というのがあります。

**ヴォーゲル** そう。

――高度成長から安定成長になって、一〇年二〇年とかかる。

二番目に、いま話のあった社会保障や社会インフラの整備に、相当の投資が必要です。これは産業の投資と違って、財政支出を伴いますね。

**ヴォーゲル** いま、その二つよりももっとむずかしい問題はね、腐敗だと思いますよ。

――ああ、はい。

**ヴォーゲル** 国民は、指導者を支持するのに、腐敗をやめろ、腐敗をすぐ何とかしてほしい、と思っている。

ところが、腐敗を根絶しようにも、腐敗の根はあまりに深い。上の指導者はいま、みんな心配しているんですね、自分もひっかかるんじゃないかと。指導者はみな、家族が腐敗問題をいっぱい抱えているので、自分たちの将来を心配しています。海外へ行こうか、どこに財産を隠そうか、気が気でない。

そういう心配があまり強くなると、習近平に対して、反感を持つ可能性がある。習近平政権も、それを恐れなければならない。しかし国民の手前、腐敗問題に手をつけて成果をあげないわけにはいかない。このバランスが崩れると、深刻な政治闘争を引き起こし、政治が乱れてしまうという心配があるのです。それが、いま直面している問題。いちばん危険なことだと、私はみています。

**腐敗は構造的**

——ヴォーゲル先生が危ないっておっしゃるなら、それは相当危ない。

**ヴォーゲル**　ハハハハ。

——腐敗の問題はね、昔、国民党に対して言われていたことで、共産党は革命的規律があるから大丈夫、のはずだった。

**ヴォーゲル**　そう。

——そもそも共産主義だから、私有財産がない。こう、言ってたわけですね。ところが、社会主義市場経済になってみると、市場経済のなかには、私有財産がありますす。社会主義のなかには、権力があります。権力を独占しているのが中国共産党だとすると、権力を私有財産に変換できるわけです。これが、腐敗ってことですよね。

**ヴォーゲル**　そう。

——じゃあこれは、構造的な問題であって、取り除く方法が、私には思いつかないんですけれど。

**ヴォーゲル**　ですからいま、腐敗の問題は、抑えようとしているんですけれども、それは非常にむずかしい。どうにかして、腐敗をどんどん少なくさせようとすると、幹部たちは反撥する……。

## 組織ぐるみの腐敗

——そんなの無理だと思いますけどね。腐敗は、共産党の組織ぐるみなんだから。

たとえば、ある市があってね、なにをやるかっていうと、じゃあ、市が持っている空き地にマンションを建てて、分譲して、みんなで儲けましょう。市有地に、市の企業がやってきて、建設して、販売して、買うのは値上がりを見越したバブルな買い手だったりなんかするわけです。見る間に売れた。それで利益があがると、市長がこれぐらい、副市長がこれぐらい、水道局がこれくらい、警察がこれくらいって、関係者が全員でわけちゃうわけでしょ。というやり方だから、自分だけ分け前はいりませんって言ったらにらまれますから、仲良くしている証拠に、分け前をもらわないといけない。そういう案件がもう、毎日のようにあるわけですから、共産党の幹部はほっといてもじゃんじゃん儲かると思うんですけど、これ、誰かが有罪になったら全員有罪になってしまうわけですよね。

**ヴォーゲル**　はい。

――どうしようもないんじゃ、ないですか。

**ヴォーゲル**　非常にむずかしいですね。どういうふうにやったらいいか。

**共産党は利権集団に**

――この現象はどういうことか。中国共産党は、ひとつの社会実体ですね。

**ヴォーゲル**　はい。

――それは、機能を、もっているわけです。中国を発展させる。人民の生活を向上させる。経済や政治をうまくやる。その機能をになう（その限りで報酬をもらう）はずなんですけど、その実、その関係者が、利権団体になっていて、自分の利益（正規の報酬以外のプラスアルファ）のために、中国共産党に寄生している。もし、後者の割合のほうが多くなったら、それは社会の寄生虫です。だったら、駆除する以外にないんじゃないですか、まるごと。

**ヴォーゲル**　非常にむずかしいですね。どうしたらいいか。

はっきりした道は、ないですね。

**一国二制度**

――習近平が、もし非常に聡明で大胆なひとだったら、中国共産党の改革を、一〇年以内に達成する、って宣言するだろう。それはもう、鄧小平もできなかった、改革開放を乗り越えた、つぎの段階だと。

私だったら、こんなふうに考えますねえ。まず、台湾を、中国に返還させる。ま、統一する。実態は、いまのままで別にいいのです。形式が大事。そして、アメリカの了解が大事。これで、中華人民共和国の戦後は終わる。台湾が戻ってくれば、国民は当然、熱狂します。

台湾が戻ってくると、一国二制度が実現してしまう。台湾では、民主的な選挙が行なわれている。中国大陸には民主的な選挙がありません。でも台湾が戻ってくると、中国の一部に、さっきの政治特区みたいな、民主的な選挙をやっている台湾省、ができる。中華人民共和国の一部なのだからです。

**ヴォーゲル**　はい。

――そこで、習近平は、中華人民共和国の、台湾省の住民は、民主的な選挙をやっていて、彼らはその自由がある。われわれはそれを認めて、一〇〇年間保証する、と宣言する。

そこで、以下、一年に五〇〇〇万人ずつ……

**ヴォーゲル**　ハハハハ。

――選挙をやるところを拡げていくよ、腐敗をしなければ、って。というふうに、徐々に、中国共産党の支配権を維持したまま、政治改革をする方法が、一国二制度のもとで、ありうるんじゃないか。

**香港の混乱**

**ヴォーゲル**　だけどじゃあ、どうして香港は、あんなに乱れてしまうのか。

中国政府が心配しているのは、香港に例外を認めると、中国の別な場所も、同じことをやりたい、早くやりたい、と言い出すのではないか。それをどう抑えるか。香港をどう国内並みに変えていくか。

――わかります。香港は完全に中国がコントロールしているのに、自由な選挙なんかやらせれば、それなら、広東省がやりたいとか、遼寧省もやりたいとか。そういうことでしょ？

**ヴォーゲル**　もちろん。

――でもそれを逆手に取れば、香港がうまく行けば、香港で自由選挙をどうぞやってください、でも中国の一部ですよ、っていう実例ができれば、台湾に対してものすごいプレッシャーになるはずなんですよ。

だから、台湾を取り戻すつもりだったら、香港で失敗しちゃいけない。中国の意志をごり押しするあのやり方は、台湾が緊張して、統一が遠のいてしまうわけだから、中国にとって損だと思います。

**ヴォーゲル**　ボクは、台湾の統一は、一〇年以内はほとんど無理だと。

――いまのやり方だったら、一〇年はありえないですねえ。

**ヴォーゲル**　ほかのやり方でもですねえ。台湾では、やっぱり独立した、いまのままで、ずっといいと思っているひとが多いでしょ。

――はい。その通りです。

もしそうなら、中国は、自己努力で政治改革する以外に、ないはずです。

## 共産党内、複数党

――自己努力で政治改革するひとつのアイデアは、日本に宝塚歌劇団というのがあるのですが、組に分かれているのですよ。

**ヴォーゲル**　ハハハ。

――月組とか、星組、花組とか。で、今月はなに組とか、舞台を交代するんですね。同じ宝塚なのに、組がいくつかあるんですよ。

**ヴォーゲル**　ああ、そうですか。

――劇団員は組に分かれて、リーダーもいる。だから、自民党の派閥とおんなじです。田中派とか三木派とか、いろいろ派があったでしょ。でも全部自民党で、順番に政権を担当していって、失敗すると交代しちゃうんですよ。

そこで、中国共産党にも、月組と星組と花組をつくって、失敗したら、交代すればいいんじゃないか。

**ヴォーゲル**　ハハハハ。

それはちょっと、無理だと思います。中国で、このやり方を、認めるひとはいないと思うんですね。

## 腐敗問題を解決

**ヴォーゲル**　いま中国の指導者が心配していることは、後継者が、ちょっとやりそこなったら、大変だということだ。

どうしたらいいか。私は、まず選挙みたいなことを、実験としてやればいいと思うのです。場所をどこか決めて。

——下の村レヴェルから順番に選挙をやる、っていうのを、一時、試行していたようでしたね。一〇年ぐらい前。でも、進んでいませんね。

**ヴォーゲル**　あまり、進まなかった。あまり、成功してなかったんですね。でも、もう少しそれをやる。

もうひとつ大事なのは、腐敗問題を、きちんと法律をつくって解決する。

みんなが腐敗している。キミは腐敗したな。でも、過去のことは過去として、罰することはしない。けれども、将来は、一年か二年以内に法律をつくって、こうこう、こういうことをしたら腐敗、と法律をつくってはっきりさせる。そして、取り締まりを開始する。腐敗の摘発が、恣意的にならないように注意する。

いまは、腐敗があっても、手が及ばない領域がたくさんあります。軍もそうです。県みたいな基層の組織もそうです。県では書記がトップで、県政府ぐるみの腐敗が起きたら、摘発する仕組みがない。法律がきちんとすれば、県の上の省で、法律の専門家が裁判すればよい。そういう制度をつくる必要がある。

――うーん。

## 司法の独立

**ヴォーゲル**　政府も、法律に従うことが大事です。いまは、たとえば、大都市郊外の農民は、再開発だといって、土地を取り上げられるんです。強引で、補償も十分でない。計画の決め方は合理的か。補償はどういう基準で行なうのか。方法を決める必要がある。もう少し、法律を拡大することです。最近の、四中全会[*1]で、そういう方向が打ち出されています。具体的なことはこれからですが、少し期待できるかもしれない。

――ひと言で言うと、司法の独立っていうことですかね。

**ヴォーゲル**　うーん、司法も含む。

――いまは裁判官も、裁判所の党委員会があって、みな党の統制下にあります。党の統制下にある裁判所が判決を下すのでは、党に不都合な裁判はできないです。

**ヴォーゲル**　そう。

――そこで司法機関に関しては、党委員会をつくらない。党の統制から外す、と。法にだけもとづいて、裁判を行なうようにする。こういう提案ですね。

**ヴォーゲル**　そう。

――それはもう、中国のひとは大歓迎だと思います。もしそれが有効に機能すれば、腐敗の防止は裁判に頼ればいいわけだ。政治的な処分じゃなくて、非常に明快になる。

**ヴォーゲル**　そうそうそう。おっしゃる通り。

――今度の本に、そういうことをはっきり書きましょう。中国大使館が翻訳して、党中央の「参考消息」に載せるに決まってますから。ヴォーゲル先生のご意見なら……。

## 中国語で発信する

**ヴォーゲル**　それよりも、もうひとつの可能性は、たとえば香港の出版社あたりから、翻訳して出す。……というのは、どうかなあ?

――よい考えだと思いますが、私たちが話しているような内容を中国語にしたら、出版価値があるってお考えですか?

**ヴォーゲル**　いままで、考えてはいなかったが……。

――たしかに、中国の人びとに対して、中国語でなにかを発信するのは、意味があると

＊1　四中全会……二〇一四年一〇月に開かれた第一八期中央委員会第四回全体会議。

思います。「参考消息」は一部のひとしか見ませんし。

**ヴォーゲル**　ボクはいま、日中関係の本を書きたいのですね。それは、中国で出したいと思う。

さてこの、われわれの会話は、中国語で出すのがよいかどうか。たぶん、しないかな。ちょっとおせっかいな感じがするし。

――日本語は、中国のひとはあまり読みませんから、日本語の本になにが書いてあっても、影響力はあんまりないので……

**ヴォーゲル**　ハハハ。

――大丈夫だと思います。

**ヴォーゲル**　そう、おっしゃる通りです、誰か、中国語に直してしまうかもしれないけれども、たぶん……

――それは、大きな問題にはならない。

**ヴォーゲル**　そうですね。まあ、学者はね、考えたことを言うべきですね。

――はい。中国の学者の皆さんが、そういうことを論文にどんどん書いていただきたい。

**ヴォーゲル**　そうそうそう。

## 『鄧小平』の反響

――『鄧小平』（本編）が出てから数年がたち、書評や批判など、いろいろな反応が出揃ったと思います。想像通りの反応、予想外の反響、どんなものがありましたか？

**ヴォーゲル**　ま、だいたい、思ったような反応ですね、九割ぐらいは。いい本だとか、客観的で、勉強になりましたとか、前にわからなかったことを、教えてもらったとか。とりわけ、中国の専門家のあいだでは、すごく成功している。ああいう本はやっぱり、いままでなかったんですね。

――はいはい。

**ヴォーゲル**　反対するひとは、主に海外ですね。鄧小平をほめすぎだ。悪いことをやっているのに、それを十分に指摘しなかった、十分に批判しなかった、と。

中国では、やはり九割ぐらいは、いい本だという反応です。どうして、中国人が書けないのか。どうして外国人があれほどいい本を書けるのか。あるひとはその理由を考えて、自由に学問研究ができないからだ、としていた。とにかく、中国人がいままであれほどいい本を書けなかったのが、残念だと思うひとが多い。

本のなかみでは、鄧小平に対して、右、左、両方の反応があるんですね。

左からの反応は、こうです。市場開放以降は、個人主義が強まり、いま腐敗問題が出てきた。これは市場開放をやりすぎた結果だ。古い共産党の考え方は、まだよかった。毛沢東は、大躍進は間違ったし、文化大革命も間違ったけれども、国のため、個人の利益のためではなく集団的なやり方のため、政策を行なった。鄧小平はその点ダメである。私は彼をほめすぎている。以上が左からの批判。

——はいはい。

**ヴォーゲル**　右からの批判は、こんな具合ですね、胡耀邦の政治改革プランはすばらしかった。鄧小平は権力を持っていたのに、どうしてせっかくの改革プランを活かして、民主主義の国をつくらなかったのか。どうして胡耀邦に対して、あれほど冷たかったか。どうして天安門事件で、人を殺したか。そういうような、鄧小平の問題点を、ヴォーゲルは十分に批判していない。右からは、こういう見方ですね。

中国の人びとはやっぱり、アメリカ人よりも、中国の情勢をわかっているんですね。そこで、外国人がこれほど事情をよく調べてわかったのか、と判断できるわけです。そういう人びとは、いろいろ小さな間違いも指摘してくれた。それは助かっています。

——だいたいでも、予想の範囲内ですね。予想外の、重大な批判で、答えなきゃいけないみたいなのは、ありましたか？

**ヴォーゲル**　……別に、ないと思いますねえ。

——アッハハハハ。

**ヴォーゲル**　面白い話があるんですね。方励之《ほうれいし》*1（アメリカで教えた科学者で、大使館に一年間住んでいた）が、『ニューヨーク・レヴュー・オブ・ブックス』に、書評を書きました。この本は鄧小平をほめすぎだと、批判した。そしたら、ボクの本の出版社が、方励之の書評の一部を使わせてくれって。結局彼は、ボクを助けてくれたんですね。

——ハハハハ。

**ヴォーゲル**　逆効果ですねえ。そういう使い方もあったんです。

## 江沢民は、かなり成功

——ポスト鄧小平の指導者たちについて、順番に、コメントいただきたいと思います。まず、江沢民について。さっき、とてもよくやった、というお話でした。

**ヴォーゲル**　江沢民は、開放以前に、西側のことをよく勉強したのです。六〇年代、ソ連

*1　方励之……中国の天体物理学者（一九三六—　）。天安門事件の首謀者として指名手配され、北京の米国大使館に一年ほど避難した。

に行って、国際的な経験があった。それから、八〇年代に貿易の関係の仕事もして、科学についてもよくわかっている。なかなか国際的な人物だと、言えるんですね。

天安門事件のあと、外国とうまくやるために、いい関係をつくるのに、忍耐力をもって取り組んだ。それから九二年の、鄧小平の南巡講話[*1]のあとは、もう少し改革のテンポを速めるようにした。ずっと続いたと。

残念ながら日本の関係では、ぎくしゃくした。九二年に日本を訪ねたときはあんまり問題がなかったけれども、九〇年代後半にかけては関係がちょっと悪くなった。江沢民が、判断を間違った。残念ですね。日本と中国は、やっぱりぶつかってしまった。

天安門事件のあとは、外国の制裁もあったし、中国の政治経済を軌道に乗せるのは、簡単ではなかったんですね。それを考えると、江沢民はかなり成功した。

――なるほど。

## 胡錦濤は、迫力に欠ける

**ヴォーゲル**　胡錦濤[*2]は、日本でたとえるなら、松下政経塾。政治家の親戚もいないし、友達もいない。そこで、自分の道を選ぶとき、共産主義青年団[*3]に入り、そのあとずっと歩いてきた。

それで、胡錦濤は、ちょっと官僚タイプですね。優秀。ただ、政治の力はあまりなかったし、人間関係もあまりなかったんですね。

——なるほど。

**ヴォーゲル**　だから、強いことができなかった。

いい政策はあったわけです。たとえば、政府の資金をやりくりして、農村の財政をテコ入れしよう。鄧小平の時代には沿海地方が発展するわりに、内陸が立ち遅れていたから、そちらを重点にしよう。そういう政策は、悪くなかったと、私は思いますね。

——同感です。

**ヴォーゲル**　ただ彼は、腐敗問題がどんどんひどくなって、国民も、なんとかしてほしいと思ったのに、それほど大胆なことができなかったんですね。胡錦濤は、遠慮がちに、あまり目にあまるケースを取り締まっただけだった。彼は、よくも悪くも、いい官僚的な人間だった、という感じがしますね。

＊1　南巡講話……一九九二年、鄧小平が広東省などを視察して、改革開放の加速を呼びかけた談話。
＊2　胡錦濤……中国の政治指導者（一九四二—）。二〇〇二年、党総書記。二〇一二年、退任。
＊3　共産主義青年団……中国共産党の青年組織。略称「共青団」。

## 習近平は、実力者

――じゃあ、習近平。

**ヴォーゲル**　胡錦濤のあと、もう少し指導力のあるひとが必要だ、とみんな思った。自信のあるひと。そして、習近平は、コネがいっぱいあったんですね。

――習近平を選んだひとは誰ですか。誰かいないんですか。

**ヴォーゲル**　誰と誰だというのは、はっきり証明できないですね。ただね、政治局の上の、人びとですね。年配の人びと。元政治局にいたひととか。年長者は、まだ中国では、影響力をもつでしょう。われわれが調べるかぎり、だいたいそういうことらしい。そうやって、政治局の常務委員はだいたい決まった。

――なるほど。

**ヴォーゲル**　習近平は、父親[*1]も改革派。彼は多少、農村のこともわかっている、地方の経験もあったし、非常に自信満々で、頭がいい。そういうひとなので、胡錦濤よりも、強いことをやれるわけですね。そもそもそういう人間を選んだのです。

――いま集団指導制と言っていいですか。それとも習近平の力が、飛び抜けて強くなっていますか。

**ヴォーゲル**　習近平は、わりあいに強くなった。だけどまだ、集団が決めるんですね。習近平が、今後、権力を自分の手に集めて、もう少し強い指導者として、動く可能性はあるんですけれども、ほかのひとが反対すれば、やりにくい。権力は、限られているんですね。

——あと数年すると、少し人事で入れ換えが、一部あるはずですね。

**ヴォーゲル**　そうそうそう。

——それから途中で、薄熙来《はくきらい》とか周永康とかいろんなひとを抑えて行ったので、対抗するひとがあんまりいないようにも思うんですけれども。

**ヴォーゲル**　それは、わからないですね。

——わからない？

**ヴォーゲル**　まだ、わからないんですね。いまのところは、まだ見えないんですね。

——いまのところ、見えない。習近平が失敗して、なにか問題を起こすとすれば、いちばん大事な問題はなんでしょう

＊1　父親……習近平の父は、習仲勲（一九一三—二〇〇二）。国務院副総理などをつとめる。毛沢東の戦友だった。

ね。やっぱり、腐敗ですか。

**ヴォーゲル**　腐敗ですね。みんな、自分の将来を心配しているわけですね。みんなも腐敗をやっているのだから、という言い訳は、ちょっと通用しないでしょうね。

## 歴史と向き合う

――今回、日本の読者に、ヴォーゲル先生の『鄧小平』（本編）をめぐって、また新たにいろいろお話をいただいたんですけれども、日本の読者に向けて、なにかメッセージがあれば、ひとことお願いしたい。

**ヴォーゲル**　鄧小平はほんとに、日本に友達をつくろうとしたんですね。そして、歴史問題は、簡単にすませようとした。歴史についてはちょっと謝って、それ以上謝る必要はなかったんです。

中国の人びとは、しばらくはそれは認めていたんですけれども、やはり、歴史問題は簡単に片づけることができなかった。いま、中国人には、もっと深い、自己批判が必要だと思うひとが増えた。指導者が謝ったというだけではなくて、個人的に、われわれの国が間違った、という言い方がほしい。中国という国とうまく行くために、やっぱりそれは必要だ、と私はみていますね。

――じゃ、その点は日本の人びとは、よく考えてほしい、ということですね。

**ヴォーゲル**　そうです。

――長時間、どうもありがとうございました。

# 鄧小平の生涯

| 年代 | 出来事 |
|---|---|
| 一九〇四（八・二二） | 四川省の農村で生まれる |
| 一九 | 五四運動が起こり、そのデモに参加する |
| 二〇 | フランス留学のためマルセイユに上陸。フランス語を学ぶ |
| 二四 | 中国共産党に入党 |
| 二六 | モスクワで国民党と共産党の幹部養成機関として設立された中山大学で、マルクス主義を学ぶ |
| 二七 | コミンテルンの指示で中国の陝西省に派遣される |
| 二九 | 地下活動に入り、広西省に派遣される。最初の妻・張錫瑗が流産して死去。 |
| 三一 | 江西省瑞金県委員会書記になる |
| 三四 | 紅軍とともに長征の途に出る |
| 三五 | 遵義の会議に記録係として参加する |
| 三七 | 第二次国共合作成立。八路軍総政治部副主任になり、抗日戦争、国共内戦を戦う |
| 三九 | 卓琳と結婚 |
| 四三 | 長男・鄧樸方が生まれる |
| 四八 | 総前線委員会書記として、淮海戦役を指揮する |
| 四九 | 中華人民共和国成立。西南局の第一書記となる |
| 五二 | 北京に配置換えになり、副総理に任命。六六年までこの地位にとどまる |
| 五三 | 財政部長になり国家財政の運営を経験 |

| | |
|---|---|
| 五六 | 中央書記処総書記、中央政治局常務委員会のメンバーに選ばれ、党の日常業務を統括する |
| 五八 | 毛沢東が大躍進政策を指示する |
| 六六 | 文化大革命が始まる。中央工作会議で自己批判 |
| 六八 | 長男の鄧樸方が北京大学構内で転落して下半身不随となる。鄧小平はすべての職を解任される |
| 七三 | 北京に呼び戻され、中央委員に選出。政治局と中央軍事委員会のメンバーともなる |
| 七四 | 国連総会で中国首脳として初めて演説を行なう |
| 七五 | 国務院第一副総理に正式就任。しかし、同年秋には毛沢東から離反し、失脚の道を選ぶ |

| | |
|---|---|
| 七六 | 周恩来、毛沢東が死去 |
| 七七 | かつての地位すべてに復帰する |
| 七八 | 全軍政治工作会議で実事求是を語る。一一期三中全会で改革開放の方針が決定する。日本を訪問 |
| 八〇 | 深圳などの沿海地方に経済特区を設立 |
| 八三 | 中央軍事委員会主席に選出される |
| 八七 | 第一三回党大会で党と政府の要職を退き、趙紫陽をトップに据える。中央軍事委員会主席のポストは維持 |
| 八九 | 胡耀邦が急死。天安門事件勃発。中央軍事委員会主席の引退を決め、江沢民を後任に抜擢する |
| 九二 | 南部諸都市を視察、改革開放の加速を呼びかける（南巡講話） |
| 九七（二・一九） | 逝去。享年九二歳五ヵ月 |

講談社現代新書　2345

# 鄧《とう》小《しょう》平《へい》

二〇一五年一一月二〇日第一刷発行

著者　エズラ・F・ヴォーゲル　聞き手＝橋《はし》爪《づめ》大《だい》三《さぶ》郎《ろう》



発行者　鈴木　哲

発行所　株式会社講談社

東京都文京区音羽二丁目一二—二一　郵便番号一一二—八〇〇一

電話　〇三—五三九五—三五二一　編集（現代新書）

〇三—五三九五—四四一五　販売

〇三—五三九五—三六一五　業務

装幀者　中島英樹

印刷所　凸版印刷株式会社

製本所　株式会社大進堂

定価はカバーに表示してあります　Printed in Japan



N.D.C. 222　253p　18cm

ISBN978-4-06-288345-0

## 「講談社現代新書」の刊行にあたって

教養は万人が身をもって養い創造すべきものであって、一部の専門家の占有物として、ただ一方的に人々の手もとに配布され伝達されうるものではありません。

しかし、不幸にしてわが国の現状では、教養の重要な養いとなるべき書物は、ほとんど講壇からの天下りや単なる解説に終始し、知識技術を真剣に希求する青少年・学生・一般民衆の根本的な疑問や興味は、けっして十分に答えられ、解きほぐされ、手引きされることがありません。万人の内奥から発した真正の教養への芽ばえが、こうして放置され、むなしく滅びさる運命にゆだねられているのです。

このことは、中・高校だけで教育をおわる人々の成長をはばんでいるだけでなく、大学に進んだり、インテリと目されたりする人々の精神力の健康さえもむしばみ、わが国の文化の実質をまことに脆弱なものにしています。単なる博識以上の根強い思索力・判断力、および確かな技術にささえられた教養を必要とする日本の将来にとって、これは真剣に憂慮されなければならない事態であるといわなければなりません。

わたしたちの「講談社現代新書」は、この事態の克服を意図して計画されたものです。これによってわたしたちは、講壇からの天下りでもなく、単なる解説書でもない、もっぱら万人の魂に生ずる初発的かつ根本的な問題をとらえ、掘り起こし、手引きし、しかも最新の知識への展望を万人に確立させる書物を、新しく世の中に送り出したいと念願しています。

わたしたちは、創業以来民衆を対象とする啓蒙の仕事に専心してきた講談社にとって、これこそもっともふさわしい課題であり、伝統ある出版社としての義務でもあると考えているのです。

一九六四年四月　野間省一